# Educação formal e não-formal: pontos e contrapontos

Dados Internacionais de Catalogação na Publicação (CIP)
(Câmara Brasileira do Livro, SP, Brasil)

Trilla, Jaume
  Educação formal e não-formal : pontos e
contrapontos / Jaume Trilla, Elie Ghanem ;
Valéria Amorim Arantes , (org.). — São Paulo :
Summus, 2008. — (Coleção pontos e contrapontos)

  Bibliografia.
  ISBN 978-85-323-0501-5

  1. Educação - Finalidades e objetivos
  2. Educação formal 3. Educação não-formal
  4. Sociologia educacional I. Ghanem, Elie.
  II. Arantes, Valéria Amorim. III. Título. IV. Série.

08-08210                                    CDD-370.118

Índices para catálogo sistemático:

  1. Educação formal : Sistemas educacionais   370.118
  2. Educação não-formal : Sistemas educacionais   370.118

Compre em lugar de fotocopiar.
Cada real que você dá por um livro recompensa seus autores
e os convida a produzir mais sobre o tema;
incentiva seus editores a encomendar, traduzir e publicar
outras obras sobre o assunto;
e paga aos livreiros por estocar e levar até você livros
para a sua informação e o seu entretenimento.
Cada real que você dá pela fotocópia não autorizada de um livro
financia um crime
e ajuda a matar a produção intelectual em todo o mundo.

# Educação formal e não-formal: pontos e contrapontos

Jaume Trilla
Elie Ghanem

Valéria Amorim Arantes
(org.)

summus
editorial

*EDUCAÇÃO FORMAL E NÃO-FORMAL: PONTOS E CONTRAPONTOS*
*1ª reimpressão*
Copyright © 2008 by Jaume Trilla,
Elie Ghanem e Valéria Amorim Arantes
Direitos desta edição reservados por Summus Editorial

Editora executiva: **Soraia Bini Cury**

Assistentes editoriais: **Bibiana Leme e Martha Lopes**

Capa: **Ana Lima**

Coordenação editorial: **Carlos Tranjan (Página Viva)**

Tradução: **Sérgio Molina (Parte I) e Óscar Curros (Partes II e III)**

Preparação de texto: **Francisco José Couto**

Revisão: **Felice Morabito e Agnaldo A. de Oliveira**

Projeto gráfico: **José Rodolfo de Seixas**

Diagramação: **Vagner Facuri**

**Summus Editorial**
Departamento editorial
Rua Itapicuru, 613 – 7º andar
05006-000 – São Paulo – SP
Fone: (11) 3872-3322
Fax: (11) 3872-7476
http://www.summus.com.br
e-mail: summus@summus.com.br

Atendimento ao consumidor
Summus Editorial
Fone: (11) 3865-9890

Vendas por atacado
Fone: (11) 3873-8638
Fax: (11) 3873-7085
e-mail: vendas@summus.com.br

Impresso no Brasil

# Sumário

**Apresentação** – *Valéria Amorim Arantes* . . . . . . . . . . . . . . . **7**

**PARTE I – Educação formal e não-formal** . . . . . . . . . **13**
*Jaume Trilla*
*Elie Ghanem*

**A educação não-formal** – *Jaume Trilla*
Introdução . . . . . . . . . . . . . . . . . . . . . . . . . . . . . . . . . . . . . . . . . . . . **15**
Contexto e fatores do desenvolvimento da educação
não-formal . . . . . . . . . . . . . . . . . . . . . . . . . . . . . . . . . . . . . . . . . . . . **16**
  O contexto real . . . . . . . . . . . . . . . . . . . . . . . . . . . . . . . . . . **19**
  O contexto teórico . . . . . . . . . . . . . . . . . . . . . . . . . . . . . . . **21**
O conceito de educação não-formal . . . . . . . . . . . . . . . . . . . **29**
  O universo educacional e os adjetivos da educação . . . . . . **29**
  Origem da expressão . . . . . . . . . . . . . . . . . . . . . . . . . . . . . . **31**
  Tripartição do universo educacional e definição de
  educação não-formal . . . . . . . . . . . . . . . . . . . . . . . . . . . . . . **33**
  Âmbitos da educação não-formal . . . . . . . . . . . . . . . . . . . . **42**
Relações entre a educação formal, a não-formal e a
informal . . . . . . . . . . . . . . . . . . . . . . . . . . . . . . . . . . . . . . . . . . . . . **44**
  Interações funcionais . . . . . . . . . . . . . . . . . . . . . . . . . . . . . . **45**
  Intromissões mútuas . . . . . . . . . . . . . . . . . . . . . . . . . . . . . . **49**
  Permeabilidade e coordenação . . . . . . . . . . . . . . . . . . . . . . **51**

Epílogo ......................................................................... 53
Referências bibliográficas ............................................ 55

**Educação formal e não-formal: do sistema escolar ao sistema educacional** – *Elie Ghanem*

Dois campos de uma realidade fragmentada ...................... 59
Conquistas e limitações da educação formal ...................... 67
Dinamismo e desorientação da educação não-formal ........... 71
Apenas educação: um amplo sistema educacional ............... 77
Referências bibliográficas ............................................ 87

**Parte II – Pontuando e contrapondo** .......................... 91
*Jaume Trilla*
*Elie Ghanem*

**Parte III – Entre pontos e contrapontos** .................. 135
*Jaume Trilla*
*Elie Ghanem*
*Valéria Amorim Arantes*

# Apresentação

*Valéria Amorim Arantes*[1]

> *"Na educação que denominamos não-formal ou assistemática, a matéria do estudo encontra-se diretamente na sua matriz, que é o próprio intercâmbio social. É aquilo que fazem e dizem as pessoas em cuja atividade o indivíduo se acha associado. Este fato dá uma chave para a compreensão da matéria da instrução formal ou sistemática."*
>
> John Dewey (1859-1952)[2]

A defesa de uma interação, coordenação, articulação, complementaridade entre aquilo que se nomeia "educação formal" e "educação não-formal" é a linha mestra do livro que ora lhes apresento.

---

1 É docente da graduação e da pós-graduação da Faculdade de Educação da Universidade de São Paulo e coordenadora do Ciclo Básico da Escola de Artes, Ciências e Humanidades da Universidade de São Paulo.

2. Dewey, J. *Democracia e educação*. São Paulo: Companhia Editora Nacional, 1959, p. 199.

Tal idéia evoca o pensamento de Dewey, que, comprometido com a educação progressista e políticas democráticas, desde o século XIX criticou veementemente dualismos como teoria e prática, público e privado, indivíduo e grupo, métodos e matérias escolares, meios e fins etc. Assumindo a perspectiva de que a escola deve ser a vida e não a preparação para a vida, Dewey defendeu que, para além da compreensão, a instituição escolar deveria promover transformações para uma melhor ordem social. Nesse sentido, cabe à escola fomentar, com vistas à preparação para a democracia, oportunidades para que seus atores e atrizes participem ativa e efetivamente da vida democrática.

Isso nos remete à epígrafe que escolhemos para esta apresentação: a chave para a compreensão da instrução "formal" está naquelas experiências vividas durante as atividades "não-formais". Se assim for, podemos entender que as idéias ou valores se originam das circunstâncias práticas da vida humana, e, portanto, a instituição escolar deve facilitar a elaboração dessas experiências.

De um modo ou de outro, tais idéias permeiam as reflexões contidas na presente obra, intitulada *Educação formal e não-formal: pontos e contrapontos*. Defender um *continuum* entre as ações e experiências vividas nessas duas esferas da educação – formal e não-formal –, bem como rechaçar a cisão existente entre elas, é o ponto de partida e de chegada do diálogo construído entre os autores Jaume Trilla, professor catedrático da Universidade de Barcelona (Espanha), e Elie Ghanem, professor da Universidade de São Paulo.

*Educação formal e não-formal* é o quinto livro da coleção *Pontos e contrapontos*. Sua organização segue a proposta editorial da referida coleção, que, visando à promoção de um debate acadêmico e

EDUCAÇÃO FORMAL E NÃO-FORMAL: PONTOS E CONTRAPONTOS

científico sobre temas educacionais candentes, pressupõe que cada livro é construído em três etapas diferentes e complementares. A primeira delas, correspondente à Parte I, está composta por artigos originais dos autores e especialistas convidados para debater sobre a temática em questão. Para tanto, foi solicitado a cada um que produzisse um texto apresentando e sustentando seu ponto de vista sobre o tema da obra. Dada a *liberdade* que lhes foi sugerida para a escrita desses textos – consoante os princípios da coleção –, eles têm um caráter teórico, de aprofundamento e reflexão sobre diferentes aspectos dos campos formal e não-formal do sistema educacional.

A segunda etapa do trabalho, cujo produto compõe a Parte II da obra, consistiu em que cada um dos autores, após leitura e análise crítica do texto de seu parceiro de diálogo, elaborou quatro questões contemplando suas eventuais dúvidas e/ou discordâncias das idéias nele contidas. De posse de tais questões, era o momento de o autor esclarecer, explicar, defender, demarcar, rever, repensar e/ou reconsiderar seu texto, com o objetivo claro de pontuar suas idéias e/ou contrapor as colocações de seu interlocutor.

A terceira e última etapa do trabalho é composta por quatro questões por mim elaboradas – como coordenadora da coleção e mediadora do diálogo – e comuns para os dois autores. Tais questões têm por objetivo retomar pontos convergentes e divergentes do diálogo estabelecido, bem como acrescentar a ele novos conceitos, a fim de "engrossar o caldo" das discussões feitas até aquele momento. Elas compuseram, com as respostas dos autores, a Parte III da obra – Entre pontos e contrapontos.

Na primeira parte do livro, quando Trilla e Ghanem discorreram livremente sobre o que lhes foi solicitado, apesar de trilharem

VALÉRIA AMORIM ARANTES (ORG.)

caminhos diferentes, o(a) leitor(a) notará que alguns pontos em comum emergem de seus escritos. Enquanto Trilla centrou suas reflexões no conceito de educação não-formal, Ghanem optou por discorrer sobre essas esferas da educação em questão – formal e não-formal – que, como ele mesmo demarca no título de seu texto, tratam de *dois campos de uma realidade fragmentada*. No entanto, ambos parecem vislumbrar um sistema educacional aberto e flexível, que conjugue o formal e o não-formal. Um sistema, em suas opiniões, mais democrático.

O texto de Trilla está dividido em três momentos: no primeiro, o autor discorre sobre o contexto e os fatores que nas últimas décadas propiciaram o crescimento da educação não-formal, no segundo a conceitua e no terceiro momento estabelece relações entre educação formal e outras áreas do universo educacional. Por fim, demonstrando certa prudência, deixa seu recado para o(a) leitor(a): "[...] a educação não-formal não é nenhuma panacéia! É tão maniqueísta projetar toda a culpa educacional na escola quanto supor que a educação não-formal é uma poção mágica e imaculada".

Ghanem inicia seu texto com um breve histórico sobre educação formal e educação escolar para, em seguida, demarcar sua visão de como a separação entre o formal e não-formal é estanque. A partir daí, baseando-se principalmente na realidade brasileira, lança idéias, reflexões e considerações sobre tal fenômeno, instigando-nos a pensar e repensar vários aspectos desses dois lados do sistema educacional. A segunda parte do texto está centrada nas conquistas e limitações da educação formal; e a terceira parte, sobre o suposto dinamismo e desorientação da vertente não-formal da educação. Com esse percurso, o autor prepara o

EDUCAÇÃO FORMAL E NÃO-FORMAL: PONTOS E CONTRAPONTOS

terreno para retomar sua idéia inicial – da nítida separação entre o formal e o não-formal –, fazer uma análise política e social de tal separação e chegar ao ponto que lhe é tão caro: a busca de um sistema que ultrapasse a educação escolar e o integre proveitosamente com as demais práticas educacionais. Para Ghanem, tal busca só será alcançada pela luta por políticas educacionais de grande amplitude e requer, necessariamente, mudanças nos dois campos em questão.

Na segunda parte do livro – Pontuando e contrapondo –, Trilla retoma pontos relevantes e nevrálgicos do texto de Ghanem e lhe solicita que sinalize, então, como constituir um sistema educacional complexo como aquele sugerido em seu texto inicial. Colocando em questão as relações e a suposta *indiferenciação* entre o político e o pedagógico defendidos por Ghanem, indaga-lhe sobre as diferenças ideológicas existentes entre as esferas formal e não-formal no contexto educacional brasileiro e incita-o a pensar como a educação não-formal poderia contribuir para o processo de democratização do sistema educativo brasileiro.

Ghanem também retoma questões instigantes e controversas abordadas por Trilla. Tendo como foco a busca de relações de complementaridade entre os diferentes tipos de educação – formal, não-formal e informal –, propõe a Trilla que discorra sobre aquelas forças que atuam favorecendo a convergência entre os diversos agentes educacionais. Mais ainda, incita-o a pensar numa perspectiva na qual, em nome de uma *co-responsabilidade,* se abandone a fixação de funções para cada agente educacional, que seria substituída por uma diferenciação entre seus respectivos atributos e capacidades. Nessa direção, desafia seu parceiro quando coloca em causa o caráter formal da educação escolar, indagando-lhe se

11

VALÉRIA AMORIM ARANTES (ORG.)

este não se oporia à dita *qualidade e pertinência pessoal e social da aprendizagem,* defendidas por Trilla.

Em meio a esse fervoroso diálogo, as questões por mim elaboradas na terceira e última parte do livro – Entre pontos e contrapontos – vislumbraram maior aproximação entre as práticas educativas e os aspectos teóricos debatidos até aquele momento, bem como promover reflexões sobre questões recorrentes e polêmicas na sociedade contemporânea como, por exemplo, o conceito de educação a distância. Ora, colocar em pauta o "lugar" e o "papel" dessa modalidade da educação parece-me de grande valor para a democratização do nosso sistema educacional.

Finalmente, cumpre-me dizer que, para além de muito trabalho, a produção desta obra – processo que desde sua concepção até sua conclusão durou mais de um ano – é fruto de grande disposição para o *intercâmbio social,* como diria Dewey, bem como para o intercâmbio intelectual. Mas, acima de tudo, é fruto de um enorme comprometimento com a busca de uma educação democrática. Esperamos que ela cumpra seu papel e contribua para a promoção de uma ordem social que supere as desigualdades sociais e favoreça a construção de um sistema educacional que respeite os direitos de todos e todas.

# PARTE I
# Educação formal e não-formal

*Jaume Trilla*
*Elie Ghanem*

# A educação não-formal

*Jaume Trilla*

## Introdução

No século XVIII, o barão Charles de Montesquieu dizia que "recebemos três educações diferentes, ou contrárias: a de nossos pais, a de nossos mestres e a do mundo. O que nos é dito nesta última contraria todas as idéias das primeiras" (1951, p. 266). A frase do autor de *O espírito das leis* é perfeita para abrir nosso texto. Em apenas três linhas aparecem várias idéias que desenvolveremos neste trabalho: primeiro, ela sugere a amplitude e a variedade do processo educacional; segundo, propõe uma espécie de "classificação" dos tipos de educação; terceiro, afirma a preponderância de uma delas, a que ele chama "do mundo". Se, em vez de ter vivido no século XVIII, Montesquieu tivesse vivido em nossos dias, ele certamente

VALÉRIA AMORIM ARANTES (ORG.)

acrescentaria às três educações citadas (a dos pais, ou familiar; a dos mestres, ou escolar, e a "do mundo") uma quarta: a chamada *educação não-formal*. Isto é, um tipo de educação que não provém da família, não consiste na influência, tão difusa quanto poderosa, que se dá no relacionamento direto do indivíduo com "o mundo", nem é aquela que se recebe no sistema escolar propriamente dito.

É dessa educação "não-formal" que trataremos. Primeiro dedicaremos algumas páginas à apresentação do contexto e dos fatores que propiciaram o crescimento desse tipo de educação nas décadas mais recentes. A segunda e a terceira partes tratarão, respectivamente, do conceito de educação não-formal e de suas relações com outras áreas do universo educacional. O texto se encerra com uma breve reflexão crítica que visa a atenuar certa ingenuidade ou confiança excessiva na educação não-formal.[1]

## Contexto e fatores do desenvolvimento da educação não-formal

Evidentemente, a educação não escolar sempre existiu. Contudo, é certo que, sobretudo a partir do século XIX – quando a esco-

---

1. O conteúdo deste texto deriva de outras publicações anteriores, que desenvolvem mais largamente alguns aspectos que aqui só pudemos apontar. Alguns de nossos trabalhos sobre essa temática são: Trilla, 2000, p. 125-144; "Extraescuela. Otros ámbitos educativos". In: *Cuadernos de Pedagogía* n° 253, dez. 1996, p. 34-41; Trilla, 1993; Trilla, 1992, p. 9-50; Trilla, 1986; "La educación no formal". In: Sanvisens, A. (ed.) *Introducción a la pedagogía*. Barcelona: Barcanova, 1984, p. 337-365.

EDUCAÇÃO FORMAL E NÃO-FORMAL: PONTOS E CONTRAPONTOS

larização começou a se generalizar –, o discurso pedagógico se concentrou cada vez mais na escola. Essa instituição foi alçada a paradigma da ação educativa a tal ponto que o objeto da reflexão pedagógica (tanto teórica quanto metodológica e instrumental) se foi limitando mais e mais a ela, até produzir uma espécie de identificação entre "educação" e "escolarização". Entendia-se que o desenvolvimento educacional e a satisfação das necessidades sociais de formação e aprendizagem passavam quase exclusivamente pela extensão da escola. O acesso de todos à escola pelo maior tempo possível e a melhoria da sua qualidade tornaram-se os objetivos centrais de quase todas as políticas educacionais progressistas dos séculos XIX e XX.

No entanto, agora começamos a nos dar conta de alguns fatos que relativizam e complementam aquela perspectiva pedagógica tão polarizada em torno da escola; entre eles, os seguintes:

1. A escola é uma instituição histórica. Não existe desde sempre nem nada garante sua perenidade. Foi e é funcional a certas sociedades, mas o que é realmente essencial a qualquer sociedade é a educação. A escola constitui apenas uma de suas formas, e nunca de maneira exclusiva.

2. Mesmo nas sociedades escolarizadas, a escola é sempre apenas um momento do processo educacional global dos indivíduos e das coletividades. Com a escola coexistem muitos e variados mecanismos educacionais. Compreender esse processo, portanto, implica entender a interação dinâmica entre todos os fatores educacionais que atuam sobre os indivíduos.

VALÉRIA AMORIM ARANTES (ORG.)

3. O processo educativo global do indivíduo e os efeitos produzidos pela escola não podem ser entendidos independentemente dos fatores e intervenções educacionais não escolares, uma vez que ambos interferem continuamente na ação escolar: às vezes para reforçá-la, às vezes – como sugeria Montesquieu, assunto que ampliaremos mais adiante – para contradizê-la. Além disso, o estudo dos processos educativos verificados fora da escola pode contribuir, inclusive, para sua melhoria. Como escreveu J. Dewey (1918, p. 10):

> Costumamos superestimar o valor da instrução escolar diante da que recebemos no curso ordinário da vida. Contudo, não devemos corrigir esse exagero menosprezando a instrução escolar, e sim examinando aquela educação ampla e mais eficiente propiciada pelo curso ordinário da vida, para iluminar os melhores procedimentos de ensino dentro dos muros da escola.

4. O marco institucional e metodológico da escola nem sempre é o mais idôneo para atender a todas as necessidades e demandas educacionais. A estrutura escolar impõe limites que devem ser reconhecidos. E mais: além de não ser apta para todo tipo de objetivo educacional, a escola mostra-se particularmente imprópria para alguns deles.

5. Do ponto anterior deriva a necessidade de criar, paralelamente à escola, outros meios e ambientes educacionais. Meios e ambientes que, claro, não devem ser vistos necessariamente como opostos ou alternativos à escola, mas como funcionalmente complementares a ela. Esses recursos são, em grande

EDUCAÇÃO FORMAL E NÃO-FORMAL: PONTOS E CONTRAPONTOS

medida, justamente aqueles que a partir de certo momento passaram a ser chamados de "não-formais".

## O contexto real

Se fosse o caso de fixar datas, poderíamos dizer que esse tipo de propostas e abordagens do discurso pedagógico começa a se expandir a partir da segunda metade do século XX. Claro que, como em qualquer outro campo, há um sem-número de antecedentes, alguns deles muito significativos e até remotos. Mas sua real expansão e fixação podem ser localizadas nesse período, e talvez, de forma mais concreta, como veremos adiante, a partir dos anos 60 ou 70 do século passado. Naturalmente, eles não surgem por geração espontânea, mas em decorrência de uma série de fatores sociais, econômicos, tecnológicos etc. que, por um lado, geram novas necessidades educacionais e, por outro, suscitam inéditas possibilidades pedagógicas não escolares que buscam satisfazer essas necessidades. Seria longo demais explorar a fundo cada um desses fatores. A título de exemplo, citaremos ao acaso apenas alguns deles:

• O crescente aumento da demanda de educação em face da incorporação de setores sociais tradicionalmente excluídos dos sistemas educacionais convencionais (adultos, idosos, mulheres, minorias étnicas etc.).

• Transformações no mundo do trabalho que obrigam a operacionalizar novas formas de capacitação profissional (reciclagem e formação continuada, recolocação profissional etc.).

VALÉRIA AMORIM ARANTES (ORG.)

• Ampliação do tempo livre, o que gera a necessidade de desenvolver ações educativas que se transformem em marcos de atuação e/ou em objetivos.

• Mudanças na instituição familiar e em outros aspectos da vida cotidiana, urbanísticos etc. que tornam necessárias novas instituições e meios educacionais capazes de assumir determinadas funções educativas antes exercidas, de maneira informal, pela família.

• Presença crescente dos meios de comunicação de massa na vida social, evidenciando a real onipresença da ação educativa e a necessidade de ampliar a atenção pedagógica antes centrada quase exclusivamente na escola, bem como a pertinência de rediscutir até mesmo sua função.

• Desenvolvimento de novas tecnologias, que permitem conceber processos de formação e aprendizagem à margem dos sistemas presenciais da escolaridade convencional.

• Crescente sensibilidade social para a necessidade de implementar ações educativas em setores da população em conflito, socioeconomicamente marginalizados, deficientes etc., seja como aspiração de avanço na justiça social e no Estado de bem-estar, seja buscando a pura funcionalidade do controle social.

Esses e outros fatores, que não cabe esmiuçar aqui, constituem o caldo de cultura da proliferação de novos espaços educacionais deslocados do estritamente escolar e, paralelamente, as referências

EDUCAÇÃO FORMAL E NÃO-FORMAL: PONTOS E CONTRAPONTOS

reais de certa mudança de orientação no discurso pedagógico, a fim de torná-lo capaz de integrar e legitimar tais espaços. É dessa última questão que trataremos a seguir.

## O contexto teórico

Não é por acaso que, de maneira bastante sincrônica às mudanças na realidade social e educacional, se foi produzindo uma série de discursos pedagógicos ideologicamente muito heterogêneos, mas coincidentes em pelo menos um ponto: o reconhecimento de que a escola já não podia continuar sendo (e de fato não era mais) a panacéia da educação. Tentaremos resumir em quatro rubricas os aspectos mais relevantes desse discurso.

### a) O discurso reformista da crise da educação

Foi em fins dos anos 60 e início dos 70 do século XX que começaram a surgir algumas propostas gerais sobre educação muito ambiciosas, com evidentes coincidências. Por exemplo, no alcance de seu objeto de estudo: este era nada menos que a educação no mundo e seu estado real, que se pretendia radiografar e diagnosticar. Elas coincidiam também no instrumental de que lançavam mão para levar a cabo essa pretensão macroscópica: uma considerável informação sobre seu objeto (dados e estatísticas de todo tipo sobre os diversos aspectos da realidade educacional referentes a diversas regiões do mundo). Compartilhavam também uma espécie de perspectiva disciplinar eclética: um misto de análise sociológica, economicista e política, embutida num voluntarismo pedagógico (no sentido normativo, mas também macroscópico: de planejamento educacional mais que de prescrição didática ou metodológica) complementado por certa aspiração prospectiva.

VALÉRIA AMORIM ARANTES (ORG.)

A autoria dessas propostas e seus marcos institucionais de origem também apresentavam coincidências: organismos internacionais, personalidades que exerciam ou haviam assumido cargos educacionais nos mais altos níveis... Sua visão política e ideológica, deixando de lado certas nuanças, tampouco mostrava grandes divergências: os críticos da época a qualificavam de *tecnocrático-reformista.*

Suas análises dos sistemas educacionais eram amplas, bastante lúcidas e aparentemente bem fundamentadas, mas mal esboçavam alguma crítica aos contextos sociais, políticos e econômicos que as geravam. O lema era reformar, modernizar, readaptar os sistemas educacionais vigentes (diagnosticados como obsoletos) para poder atender melhor às expectativas que a sociedade depositava neles. Quanto ao nosso principal objeto de interesse aqui, outra das coincidências residia na idéia de que essa modernização não se poderia realizar com o concurso exclusivo daquela que até então havia sido a instituição educacional canônica: a escola. Dito de outro modo, nem a simples ampliação da escolaridade nem sua otimização qualitativa seriam suficientes para atender às crescentes e heterogêneas demandas de educação e, de maneira mais geral, para resolver a crise que, segundo esses analistas, assolava os sistemas educacionais.

O leitor avisado já deve ter deduzido, há algumas linhas, de que trabalhos estamos falando. Alguns deles foram fundamentais na literatura sobre educação do último terço do século passado. E igualmente fundamentais para entender (e em parte legitimar) o desenvolvimento verificado desde então no setor educacional não-formal: entre outras coisas, foi nesses trabalhos que, como veremos, se propuseram alguns dos termos da área. Trata-se, evi-

EDUCAÇÃO FORMAL E NÃO-FORMAL: PONTOS E CONTRAPONTOS

dentemente, do livro de P. H. Coombs *A crise mundial da educação* (edição original em inglês, 1968; em espanhol, 1971 [em português, 1976]; totalmente reescrito em 1985 e republicado sob o título de *A crise mundial da educação. Perspectivas atuais*). O outro livro é *Aprender a ser* (1972), elaborado por uma equipe dirigida por Edgar Faure e publicado com o apoio da Unesco. A terceira obra que não se pode deixar de citar é o relatório, também propiciado pela Unesco, dirigido por Jacques Delors e intitulado *Educação – Um tesouro a descobrir*. Essa obra cumpriu, nos anos 1990, uma função discursiva e referencial para as políticas educacionais semelhante àquela que, em sua época, foi desempenhada pelas duas anteriores.

*b) As críticas radicais à instituição escolar*

As análises e propostas que acabamos de citar coincidiram no tempo com a eclosão, na literatura sobre educação, de um conjunto de discursos extremamente críticos à instituição escolar. Discursos que se diferenciavam dos anteriores por estender sua análise crítica da escola, com igual radicalismo, ao seu marco social, político e econômico. Não se tratava mais de diagnosticar uma suposta defasagem entre os sistemas educacionais e os sistemas sociais, mas justamente de identificar seus vínculos e correspondências. Embora a origem ideológica desses discursos fosse variada, seu arcabouço teórico transformou-os em referência fundamental do debate educacional das últimas décadas do século passado.[2]

---

2. Referências bibliográficas e comentários mais extensos acerca dessas posturas críticas sobre a escola podem ser encontrados em: Ayuste, A.; Trilla, J., 2005, p. 219-248; Trilla, J., 2001.

VALÉRIA AMORIM ARANTES (ORG.)

Referimo-nos aqui, em primeiro lugar, aos autores e obras geralmente rotulados sob a rubrica do *paradigma da reprodução*; entre pioneiros, epígonos e revisionistas desse paradigma cabe citar nomes como os de Althusser, Bourdieu e Passeron, Baudelot e Establet, Bernstein, Bowles e Gintis, Apple, entre outros. Em segundo lugar, cabe mencionar outro tipo de abordagens, que se diferenciavam das anteriores por seu marco ideológico e estilo intelectual, talvez até mais críticos do que aqueles à instituição escolar. E tão hipercríticos que sua principal proposta chega a ser formulada em termos de abolição da escola ou, para ser mais exatos, de desinstitucionalização da ação educativa: I. Illich, E. Reimer, J. Holt e precursores como P. Goodman. Em terceiro lugar, surgirão as reflexões foucaultianas sobre os mecanismos da microfísica do poder materializando-se, entre outras instituições, também na escola.

Embora não caiba aqui entrarmos na análise desses discursos, devemos, sim, justificar o atrevimento de reunir num mesmo parágrafo nomes tão díspares, quando não conflitantes, e ainda por cima num trabalho sobre educação não-formal. Pois é fato que nem a educação extra-escolar constitui, em geral, o objeto de reflexão desses autores, nem tampouco eles se destacam especialmente por defendê-la. E mais: não seria nada arriscado afirmar que, em muitos casos, praticamente as mesmas críticas daqueles autores à escola poderiam aplicar-se, *mutatis mutandis*, a muitas atividades ou intervenções educacionais não-formais. Por que, então, introduzir nestas páginas os discursos e nomes citados? Simplesmente porque essa eclosão de críticas radicais à escola também integrou, talvez de forma involuntária, o caldo de cultivo teórico e legitimador da ampliação da educação não-for-

EDUCAÇÃO FORMAL E NÃO-FORMAL: PONTOS E CONTRAPONTOS

mal. O descrédito da escola, a exposição de suas supostas mazelas e incapacidades, a conseqüente perda de confiança em suas possibilidades, os rótulos que foram pregados (aparelho ideológico de Estado etc.) e os insultos que despejaram sobre ela (ver Illich e companhia) levaram alguns a pensar (com muita ingenuidade) que a ação educativa seria salva e reabilitada simplesmente afastando-se dessa instituição.

*c) A formulação de novos conceitos*
Aquilo que não tem nome não existe. Para que uma coisa tenha lugar no discurso e possa ser reconhecida na realidade, ela deve ser denominada. A pedagogia carecia de nomes, conceitos e lemas que pudessem dar conta, referendar e propagar os âmbitos educacionais de que estamos falando.

Provavelmente, a *idéia* (porque talvez se trate mesmo de uma idéia ou lema, mais que de um conceito) de *educação permanente* seja o primeiro recurso terminológico de que a linguagem pedagógica se valeu para, entre outras coisas, legitimar novas instituições, novos meios e recursos educacionais não escolares. O que se expressa em "educação permanente" é que as pessoas podem educar-nos sempre: desde que nascemos (ou antes, segundo alguns) até quando morremos. Sendo assim, a conversão dessa potência em ato de escolarização não seria de todo ilusória. Nesse sentido, mesmo que a idéia de educação permanente denote apenas a extensão no tempo do fato educacional, conota ao mesmo tempo sua extensão horizontal ou institucional: a operacionalização da idéia de educação permanente exige a disponibilidade de muitos outros recursos educacionais além dos escolares. Embora tenha um pouco (ou muito) de *flatus vocis,* a expressão "educação permanente" é das mais recorrentes nas décadas mais recentes. Em torno dela orbita, além disso, uma constelação de termos afins ou derivados por concretização: formação contínua, educação de adultos, androgogia, educação ao longo da vida etc.

Mas também se necessitava de conceitos que dessem conta diretamente da extensão espacial ou institucional do fato educativo, de seu deslocamento do escolar. Com essa função surgiu outra constelação de conceitos: educação aberta, formas não convencionais de ensino, educação extra-escolar (e variantes: para–, peri–, circum–, pós–... escolar), ensino não regrado e, acima de tudo, os que nos ocupam aqui: educação não-formal e informal.

Por último, caberia mencionar outros conceito ou lemas que também guardam certa familiaridade com os anteriores e que, no discurso pedagógico, ainda que com significados distintos, também cumprem a função de salientar a amplitude do universo educacional e a necessidade de abordagens holísticas e integradoras para as políticas educacionais: "sociedade educativa" ou "sociedade da aprendizagem", "sistema formativo integrado", "cidade educadora" etc.[3] Tudo isso nos leva a um quarto elemento do contexto teórico que estamos revisando.

### d) O paradigma do meio educacional

Para captar a heterogeneidade e, ao mesmo tempo, a necessidade de integração de instâncias formadoras era preciso também

---

3. Sobre a idéia de cidade educadora e sua relação com a educação não-formal: Trilla, 1999, p. 199-221; Trilla, 1997, p. 13-34; Trilla, 1993.

EDUCAÇÃO FORMAL E NÃO-FORMAL: PONTOS E CONTRAPONTOS

modificar a ótica pela qual a pedagogia contemplava a ação educativa. Classicamente, a ação educativa era entendida como uma relação pessoal e direta entre educador e educando. O educador educa em sua relação direta com o educando: falando-lhe, aconselhando-o, ensinando-o, advertindo-o, castigando-o, premiando-o, transmitindo-lhe valores, servindo-lhe de exemplo...

Esse modelo pode explicar algumas das ações dos educadores, mas não todas. É um modelo simplista, porque deixa de lado muitas coisas (ver Esquema 1).

Em primeiro lugar, esquece que toda ação educativa (a do pai sobre o filho, a do professor sobre o aluno etc.) se realiza em determinado meio (a família, a sala de aula, a escola, o bairro, a cidade, o sistema social, econômico e político). Em segundo lugar, tal modelo simplista da ação educativa esquece que o meio sempre influencia a relação: condicionando-a, modelando-a e atribuindo-lhe os papéis que educador e educando devem desempenhar. Em terceiro lugar, o modelo simplista dessa relação tampouco leva em conta que, seja qual for o meio educacional, não é apenas o *educador* que educa, mas também outros elementos do meio. No ambiente familiar, as influências educativas não são exercidas somente pelos pais, mas pelo conjunto dos componentes pessoais, culturais e materiais que o constituem. Em quarto lugar, o modelo simplista esquece que o educador, além de se relacionar direta e pessoalmente com o educando, atua na medida de sua capacidade e autonomia relativa, contribuindo para a configuração do meio educacional.

**Esquema 1**

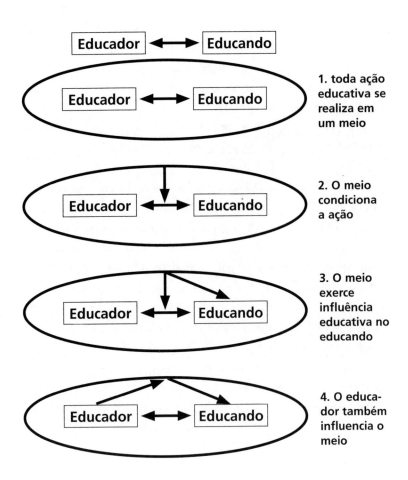

EDUCAÇÃO FORMAL E NÃO-FORMAL: PONTOS E CONTRAPONTOS

·Tudo isso é igualmente aplicável a qualquer meio educacional que se observe: desde os que poderíamos chamar de *micromeios*, como uma sala de aula, até os *macromeios*, como uma cidade ou um país. Um meio que, em suma, abriga espaços e tempos nos quais também se gera educação, ainda que a antiga visão da pedagogia sobre a intervenção educacional não permitisse captá-los. A nova lente que representa o paradigma do meio educacional facilita à pedagogia a descoberta desses novos espaços distintos daqueles característicos dos sistemas educacionais convencionais e reforça a conveniência de buscar formas adequadas de intervir neles.

## O conceito de educação não-formal

### O universo educacional e os adjetivos da educação
A educação – como já vimos – é um fenômeno complexo, multiforme, disperso, heterogêneo, permanente e quase onipresente. Há educação, é claro, na escola e na família, mas ela também se verifica nas bibliotecas e nos museus, num processo de educação a distância e numa brinquedoteca. Na rua, no cinema, vendo televisão e navegando na internet, nas reuniões, nos jogos e brinquedos (mesmo que eles não sejam dos chamados educativos ou didáticos) etc. ocorrem, igualmente, processos de educação. Quem educa, evidentemente, são os pais e professores, mas as influências formadoras (ou eventualmente deformadoras) também são freqüentemente exercidas por políticos e jornalistas, poetas, músicos, arquitetos e artistas em geral, colegas de trabalho, amigos e vizinhos, e assim por diante.

Esse conjunto de processos que se convencionou chamar "educacionais" contém elementos tão variados que, uma vez es-

VALÉRIA AMORIM ARANTES (ORG.)

tabelecida sua condição comum, é preciso, para continuar falando deles com algum sentido, começar a distinguir uns dos outros. É preciso estabelecer classes, diferenciá-los segundo tipos, separá-los, ordená-los, classificá-los, taxonomizá-los.

Já há muito a pedagogia vem tentando realizar essa tarefa, com mais ou menos rigor. Em muitos casos, a distinção entre os diversos tipos de educação se realizou com o mero acréscimo de um adjetivo à palavra "educação": *educação familiar, educação moral, educação infantil, educação autoritária, educação física...* Em outros casos, com uma maior vontade de sistematização, tentou-se estabelecer taxonomias com critérios explícitos. Em ambos os casos, são diversos os critérios utilizados – implícitos no primeiro caso; explícitos no segundo. Longe de qualquer pretensão exaustiva, citaremos alguns exemplos.

Às vezes o critério consiste em distinguir os tipos de educação segundo alguma especificidade do sujeito que se educa: haveria então tantas parcelas educacionais quantas classes de educandos fosse oportuno considerar. Assim, por exemplo, se a especificidade do coletivo educando que se quer considerar é sua pertença a essa ou aquela etapa da vida, então se falará em educação *infantil,* educação *juvenil*, educação de *pessoas adultas,* de educação da *terceira idade.* Quando se considera que as mulheres têm de merecer – ou padecer – uma educação diferente da dos homens, fala-se em educação *feminina.* Ou, para referir-se à educação de pessoas que apresentam alguma "excepcionalidade" (deficiência física ou psíquica, marginalização social, superdotação etc.) que exige tratamento diferenciado, fala-se em educação *especial.*

Outro critério é o que se refere ao aspecto ou dimensão da personalidade a que se dirige a ação educativa, ou, se se

EDUCAÇÃO FORMAL E NÃO-FORMAL: PONTOS E CONTRAPONTOS

preferir, ao tipo de efeito que ela produz. Quando se fala em educação *intelectual, física, moral* etc., utiliza-se esse critério. Há também critérios que distinguem o tipo de educação segundo seu conteúdo: educação *sanitária, literária, científica* etc. Em outros casos, os adjetivos remetem às ideologias, tendências políticas ou crenças religiosas em que as diversas concepções educacionais se inserem: educação *católica, islâmica, comunista, anarquista, democrática* etc.

Outro grande grupo de adjetivos denota fundamentalmente aspectos de procedimento ou metodologias educacionais (educação *ativa, autoritária, individualizada, a distância* etc.). Finalmente – sempre sem esgotar as possíveis classes de adjetivações –, deve-se levar em conta o critério que se refere *àquilo* que educa, ao agente, à situação ou instituição que produz – ou na qual se produz – o fato educacional em questão: educação *familiar, escolar, institucional* etc. Pois bem, a expressão *educação não-formal*, como veremos a seguir, poderia ser incluída num desses dois últimos grupos. Em outras palavras, o que seria "não-formal" nesse tipo de educação é ou a metodologia, o procedimento, ou o agente, a instituição, ou o marco no qual em cada caso se gera ou se localiza o processo educacional. Logo discutiremos qual dos dois critérios pode ser mais pertinente.

## Origem da expressão

Obviamente, realidades educacionais como as apontadas pela expressão "educação não-formal" existem desde muito antes que esse significante se popularizasse, mas, como já dissemos, foi só a partir do último terço do século XX que o rótulo começou a se fixar na linguagem pedagógica.

31

VALÉRIA AMORIM ARANTES (ORG.)

Deixando de lado eventuais usos anteriores das adjetivações "informal" ou "não-formal", a origem de sua popularidade data de fins da década de 1960, com a publicação da obra já citada de P. H. Coombs *The world educational crisis* (1968). Nela se enfatizava sobretudo a necessidade de desenvolver meios educacionais diferentes dos convencionalmente escolares. No livro citado, esses meios receberam indistintamente os rótulos de educação "informal" e "não-formal". Com as duas denominações se pretendia designar o amplíssimo e heterogêneo leque de processos educacionais não escolares ou situados à margem do sistema de ensino regrado. Contudo, Coombs fazia de fato uma advertência explícita de que seu livro trataria apenas "daquelas atividades que se organizam intencionalmente com o propósito expresso de alcançar determinados objetivos educacionais e de aprendizagem" (Coombs, 1968, p. 19).

Não resta dúvida, porém, de que era pouco funcional uma única expressão designar um campo tão amplo e variado como o educacional não escolar. Ou, dito de outro modo, coisas tão díspares como uma brinquedoteca e a brincadeira espontânea das crianças na rua, ou um programa de alfabetização de adultos e a leitura recreativa de um romance fazerem parte de uma mesma categoria pedagógica. Provavelmente, foi devido a considerações desse tipo que, poucos anos depois da obra, digamos, institucional de 1968, o próprio Coombs e seus colaboradores propuseram a distinção entre três tipos de educação: a *formal,* a *não-formal* e a *informal.* Coombs e Ahmed, em seu trabalho de 1974, *Attacking Rural Poverty: How Non-Formal Education Can Help,* definiam esses conceitos nos seguintes termos: a *educação formal* compreenderia "o 'sistema educacional' altamente institucionalizado, cronologicamente graduado e hierarquicamente estruturado que vai dos

EDUCAÇÃO FORMAL E NÃO-FORMAL: PONTOS E CONTRAPONTOS

primeiros anos da escola primária até os últimos da universidade"; a *educação não-formal*, "toda atividade organizada, sistemática, educativa, realizada fora do marco do sistema oficial, para facilitar determinados tipos de aprendizagem a subgrupos específicos da população, tanto adultos como infantis"; e a *educação informal*, "um processo, que dura a vida inteira, em que as pessoas adquirem e acumulam conhecimentos, habilidades, atitudes e modos de discernimento por meio das experiências diárias e de sua relação com o meio" (Coombs, 1975, p. 27).[4]

Desde então, essa terminologia foi-se ampliando e atualmente já é de uso comum na linguagem pedagógica: consta nas obras de referência da pedagogia e das ciências da educação (tesauros, dicionários, enciclopédias), dispõe de abundante bibliografia que não pára de crescer, é utilizada na denominação de organismos oficiais, existem disciplinas acadêmicas com esse nome nos campos de formação de educadores etc.

## Tripartição do universo educacional e definição de educação não-formal

Na realidade, as definições de Coombs acima transcritas já deixavam minimamente delimitado o conteúdo semântico que se costuma atribuir às expressões "educação formal", "não-formal" e "informal". Convém, no entanto, fazer algumas observações adicionais, em busca de maior exatidão.

Vale notar, antes de mais nada, que essa classificação tripartite tem um propósito de exaustividade. Isto é, ela pressupõe que a

---

4. Na versão posterior (1985) de *The world international crisis*, Coombs retoma literalmente as definições citadas: Coombs, 1985, p. 46 e seguintes.

soma do educativamente formal, não-formal e informal deveria abranger o universo inteiro da educação. Dito de outro modo, que qualquer processo que se inclua no universo educacional deve, por seu turno, poder ser incluído num dos três tipos de educação citados. A distinção proposta é, portanto, um modo de setorializar aquele universo, uma tentativa de traçar fronteiras no seu interior. Assim, o problema inicial consistirá em como e onde localizar tais fronteiras.

Nesse sentido − e essa é a segunda observação que queríamos introduzir −, a estrutura lógica adequada dessa tripartição não seria a representada no esquema 2, e sim a do esquema 3.

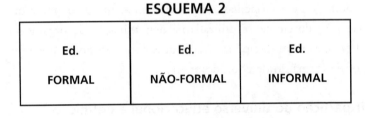

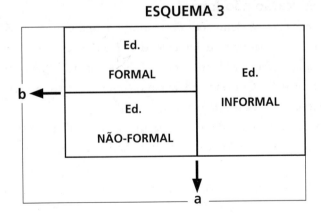

EDUCAÇÃO FORMAL E NÃO-FORMAL: PONTOS E CONTRAPONTOS

Na realidade – como depois veremos com maior clareza –, as chamadas educação formal e educação não-formal deveriam ser subclasses de um mesmo tipo de educação. Portanto, para definir tais conceitos, as fronteiras que deveríamos considerar são aquelas que, no esquema 2, denominamos "a" e "b".

*a) Fronteira entre a educação informal e as outras duas: critério de especificidade ou diferenciação da função educativa*

A diferença entre a educação informal, por um lado, e a educação formal e a não-formal, por outro, é bem notória: por exemplo, a que existe entre os efeitos formativos ou culturais que pode produzir a leitura de um romance por puro prazer e estudar um livro didático para uma disciplina escolar qualquer. Contudo, caracterizar essa diferença com precisão não é nada simples. Curiosamente, embora haja uma notável concordância ao situar os processos educativos concretos de um lado ou outro dessa fronteira, costumam aflorar muitas discordâncias quando se trata de determinar exatamente o critério ou os critérios que justificam essa distribuição. Digamos que se concorda no referente, mas se diverge no significado. Nesse sentido, é sintomático que o expediente de oferecer uma lista de exemplos de educação informal seja um dos mais usados (e mais expressivos) para tentar explicar o que se quer dar a entender com essa expressão.

Os critérios propostos para caracterizar a educação informal – e, portanto, para sinalizar a fronteira entre esta e as outras duas – têm sido diversos e variados. Já os apresentamos e discutimos longamente em outro trabalho,[5] razão pela qual evitaremos aqui

---

5. *La educación informal, op. cit.*, p. 24 e seguintes., 102 e seguintes, 220 e seguintes.

sua repetição. De todo modo, com algumas nuanças e variantes terminológicas, os dois critérios mais recorrentes se referem à intencionalidade do agente e ao caráter metódico ou sistemático do processo.

Segundo o primeiro critério, todos os processos intencionalmente educacionais entrariam na coluna do formal e não-formal, e, por conseguinte, os não intencionais ficariam na do informal. Não resta dúvida, claro, de que tanto a educação formal como a não-formal são claramente intencionais e que a educação não intencional pertenceria à informal. Bem mais questionável, porém, é a classificação de *toda* a educação informal como não intencional. De fato, por vezes é difícil negar algum tipo de intencionalidade educativa a muitos dos meios que se costumam situar na coluna do informal; por exemplo, boa parte da literatura infantil, certas relações de amizade ou, claro, a família. Este último caso é particularmente significativo: a maior parte dos autores situa a família no marco da educação informal e, no entanto, não se pode afirmar que os pais desenvolvam toda sua ação educativa sem a intenção de educar. Em suma, não parece que o critério de intencionalidade seja o que especificamente define a fronteira entre a educação informal e as outras duas.

Um segundo critério ao qual se costuma recorrer é o do caráter metódico ou sistemático do processo educacional: a educação formal e a não-formal se realizariam de forma metódica, enquanto a informal seria assistemática. Para discutir esse critério, seria preciso estender-nos na definição dos conceitos de método e sistema, o que excederia em muito nossas possibilidades aqui. Não obstante, mesmo que lidemos com esses conceitos em seu nível de uso corrente, nem assim será fácil

EDUCAÇÃO FORMAL E NÃO-FORMAL: PONTOS E CONTRAPONTOS

negar a presença de método e de sistema em muitos processos educacionais geralmente incluídos na educação informal: não se costuma afirmar que os meios de comunicação de massa nos bombardeiam *sistematicamente* com seus valores (contravalores)?; não há método na publicidade?; não cabe falar em métodos de educação familiar?

Para nós, o que delimita com razoável precisão os diversos conteúdos que o uso costuma atribuir às expressões educação formal e não-formal, por um lado, e informal, por outro, é um critério de *diferenciação* e de *especificidade* da função ou do processo educacional. Ou seja, estaríamos diante de um caso de educação informal quando o processo educacional ocorre indiferenciada e subordinadamente a outros processos sociais, quando aquele está indissociavelmente mesclado a outras realidades culturais, quando não emerge como algo diferente e predominante no curso geral da ação em que o processo se verifica, quando é imanente a outros propósitos, quando carece de um contorno nítido, quando se dá de maneira difusa (que é outra denominação da educação informal).[6]

Os pais – voltando ao exemplo anterior – em geral educam de modo "informal" porque costumam exercer seu trabalho educacional concomitantemente a outras responsabilidades familiares: ao dar de comer aos filhos, ao brincar com eles, ao de-

---

6. De modo semelhante, Scribner e Cole caracterizavam a educação formal (na qual incluíam a que aqui estamos denominando "não-formal"), entre outras coisas, como aquela que "se extrai da diversidade da vida diária, situa-se num contexto especial e realiza de acordo rotinas específicas." (Scribner, S.; Cole, M., 1973, p. 553-559)

VALÉRIA AMORIM ARANTES (ORG.)

corar e arrumar a casa, ao acompanhá-los à escola etc. Quando a mãe (ou o pai, obviamente) dá de comer ao filho de 2 anos, tem a intenção não apenas de alimentá-lo, mas também, de educá-lo (quer ensiná-lo a se virar sozinho, que adquira certos hábitos etc.); acontece que não há como distinguir quando se está fazendo uma coisa ou outra.[7] Normalmente, na família não há horários nem espaços fixos e diferenciados para a educação, nem se verificam mudanças aparentes de papéis; a educação na família não é uma coisa que se possa separar e distinguir de sua vida cotidiana, do clima que nela se vive.

*b) A fronteira entre a educação formal e a não-formal*
A educação formal e a não-formal são, como vimos, intencionais, contam com objetivos explícitos de aprendizagem ou formação e se apresentam sempre como processos educativamente

---

7. Suponhamos a extravagante hipótese de que se tentassem separar as duas coisas (alimentar a criança e educá-la). A criança seria então alimentada de forma expressa: por exemplo, brutalmente, por meio de um funil, ou cientificamente, por meio de cápsulas ou injeções. Em todo caso, utilizar-se-ia um procedimento que não demandasse a proverbial paciência dos pais com as crianças inapetentes (paciência que só se sustenta na certeza de que a criança acabará aprendendo a comer bem e sozinha). Depois, em outro momento, longe da comida (quando muito, com figuras representando pratos de sopa, coxas de frango e bananas), por meio de lições, simulações ou até vídeos interativos e programas de computador, o pai tentaria ensinar o filho a comer. Assim, estaríamos diante de um caso de educação não-formal (ou de educação formal, se esse ensino fizesse parte do currículo escolar). Alguém certamente poderá pensar que essa extravagância de separar a função de alimentar da função de ensinar a se alimentar lembra muito certas coisas que se fazem na escola, mas que não costumamos considerar extravagantes.

diferenciados e específicos. Vejamos agora por onde passaria a fronteira que separa os dois tipos de educação. Também nesse caso são vários os critérios propostos para essa distinção. Não obstante, os mais utilizados também podem ser reduzidos a dois. Um par de critérios aparentemente muito semelhantes, mas, em sentido estrito, mutuamente irredutíveis.

## O critério metodológico

É bastante comum caracterizar a educação não-formal como aquela que se realiza fora do marco institucional da escola ou a que se afasta dos procedimentos escolares convencionalmente. Desse modo, o escolar seria o formal, enquanto o não escolar (mas intencional, específico, diferenciado etc.) seria o não-formal.

Já faz algum tempo, propusemos uma caracterização da escola com base em uma série de determinações, quais sejam: o fato de constituir uma forma coletiva e presencial de ensino e aprendizagem; a definição de um espaço próprio (a escola como lugar); o estabelecimento de tempos predeterminados de atuação (horários, calendário escolar etc.); a separação institucional de dois papéis assimétricos e complementares (professor/aluno); a pré-seleção e ordenação dos conteúdos trocados entre as duas partes por meio dos planos de estudo; e a descontextualização da aprendizagem (na escola, os conteúdos são ensinados e aprendidos fora dos âmbitos naturais de sua produção e aplicação).[8] Pois bem, a educação não-formal seria aquela que tem lugar mediante procedimentos ou instâncias que rompem com alguma ou algumas dessas determinações que caracterizam a escola. A educação a distância seria

---

8. Trilla, J., 1985. Ver também Trilla, J., 2006.

## VALÉRIA AMORIM ARANTES (ORG.)

não-formal por seu caráter não presencial e por romper com a definição espacial e temporal da escola; igualmente o ensino preceptoral, por não ser uma forma coletiva de aprendizagem.

Em suma, quando se fala em metodologias não-formais, o que se quer dar a entender é que se trata de procedimentos que, com maior ou menor radicalismo, se distanciam das formas canônicas ou convencionais da escola. Assim, com um sentido muito semelhante ao dessa acepção de educação não-formal, alguns autores utilizaram expressões como "ensino não convencional" ou "educação aberta".

### O critério estrutural

Segundo o outro critério, a educação formal e a não-formal se distinguiriam não exatamente por seu caráter escolar ou não escolar, mas por sua inclusão ou exclusão do sistema educativo regrado. Isto é, o que vai do ensino pré-escolar até os estudos universitários, com seus diferentes níveis e variantes; ou, dito de outro modo, a estrutura educativa graduada e hierarquizada orientada à outorga de títulos acadêmicos. Aplicando-se tal critério, a distinção entre o formal e o não-formal é bastante clara: é uma distinção, por assim dizer, administrativa, legal. O formal é aquilo que assim é definido, em cada país e em cada momento, pelas leis e outras disposições administrativas; o não-formal, por outro lado, é aquilo que permanece à margem do organograma do sistema educacional graduado e hierarquizado. Os conceitos de educação formal e não-formal apresentam, portanto, uma clara relatividade histórica e política: o que antes era não-formal pode mais tarde passar a ser formal, do mesmo modo que algo pode ser formal em um país e não-formal em outro.

EDUCAÇÃO FORMAL E NÃO-FORMAL: PONTOS E CONTRAPONTOS

A confusão entre os critérios que chamamos respectivamente de metodológico e estrutural tem sem dúvida explicação: afinal, a instituição fundamental e paradigmática do sistema de ensino regrado foi e é ainda a escola. Entretanto, se quisermos ser mais precisos, é inevitável reconhecermos os dois critérios como parcialmente incompatíveis. Assim, por exemplo, uma universidade a distância seria não-formal conforme o primeiro critério e formal conforme o segundo; e com uma "auto-escola" ocorreria exatamente o contrário. A escolha entre um critério e outro, portanto, não é irrelevante. Conforme o critério que se utilize, caberá incluir determinados processos ou meios educacionais de um lado ou outro da fronteira. A aplicação historiográfica desses conceitos também pode ser problemática. Escolhendo-se o critério estrutural, a história da educação não-formal será relativamente curta: embora se possa falar em títulos acadêmicos ou reconhecidos oficial ou oficiosamente pelo poder estabelecido em cada caso, a distinção entre educação formal e não-formal terá realmente pertinência histórica somente a partir da constituição dos sistemas educacionais nacionais, isto é, no século XVIII. Mas isso tampouco é um inconveniente, e sim um exemplo a mais de que cada disciplina é dotada, em cada momento, daqueles conceitos funcionais à sua realidade dinâmica.

Quanto a nós, acreditamos que o critério a utilizar deve ser o estrutural. É o que costuma acolher as definições mais rigorosas, bem como a original de Coombs e Ahmed citada anteriormente. Contudo, a recusa do critério metodológico não significa que negamos a possibilidade de tratar dos métodos na educação não-formal. Significa apenas o entendimento de que a educação não-formal não é, em sentido estrito, um método ou uma metodologia. Na realidade, na educação não-formal cabe o uso de qualquer

41

metodologia educacional; até mesmo daquelas que são mais usuais na instituição escolar. O que ocorre é que a educação não-formal, por situar-se fora do sistema de ensino regrado, desfruta de uma série de características que facilitam certas tendências metodológicas. O fato de não ter de seguir nenhum currículo padronizado e imposto, as poucas normas legais e administrativas que recaem sobre ela (calendário escolar, titulação dos docentes etc.), seu caráter não obrigatório, e por aí afora, tudo isso facilita a possibilidade de métodos e estruturas organizacionais muito mais abertas (e, geralmente, mais flexíveis, participativas e adaptáveis aos usuários concretos e às necessidades específicas) que aquelas que costumam imperar no sistema educacional formal. Mas repetimos: isso é apenas uma tendência, uma ênfase, e não um elemento essencial ou uma característica conceitualmente necessária.

Por último, e caso nos exigissem a problemática e sempre facilmente refutável oferta de uma definição, nossa proposta é a seguinte: entendemos por educação não-formal o conjunto de processos, meios e instituições específica e diferenciadamente concebidos em função de objetivos explícitos de formação ou instrução não diretamente voltados à outorga dos graus próprios do sistema educacional regrado.

## Âmbitos da educação não-formal

O conjunto de instituições, atividades, meios e programas que já acolhem a educação não-formal é tão amplo e variado que, afora algumas generalidades já expostas anteriormente, há bem pouco a dizer sobre ele que seja de fato aplicável a todo o setor. Aqui nos limitaremos, portanto, a esboçar de forma quase telegráfica uma espécie de repertório de âmbitos. Isso cientes de que cada um dos

EDUCAÇÃO FORMAL E NÃO-FORMAL: PONTOS E CONTRAPONTOS

âmbitos desenvolvidos deveria ser objeto de um tratamento particular que refletisse sua gênese, seus conceitos, teorias e autores relevantes, sua prospectiva etc.[9]

*O âmbito da formação ligada ao trabalho.* É um fato bastante óbvio que o sistema educacional formal nem sempre soube resolver satisfatoriamente sua relação com o mundo do trabalho. Mas, mesmo que o velho e recorrente problema da formação profissional regrada estivesse em via de solução, ainda assim continuaria existindo um largo espaço para a atuação não-formal. Formação ocupacional, formação na empresa, programas de formação para a reciclagem profissional, escolas-oficinas, formação para o primeiro emprego etc. são termos que designam ações educativas geralmente situadas fora das margens do setor formal e que dão conta da extensão desse âmbito.

*O âmbito do lazer e da cultura.* O tempo livre e o desejo de acesso e usufruto da cultura num sentido nem acadêmico nem utilitarista geraram também uma importante oferta educacional não-formal, que já contempla pessoas de todas as idades, desde a infância mais precoce até a terceira idade. Pedagogia do lazer ou educação em tempo livre, animação sociocultural etc. são denominações já consolidadas no discurso educacional contemporâneo, que por sua vez designam um amplo leque de instituições e atividades.[10]

---

9. Para uma apresentação mais desenvolvida de cada um dos âmbitos e meios da educação não-formal, ver Trilla, 1985, p. 51-186.

10. Estudamos esse âmbito especificamente em: Puig, J. M. e Trilla, J., 2003; Trilla, J., 2004a, p. 19-43; García, I., 2004, p. 153-174.

VALÉRIA AMORIM ARANTES (ORG.)

*O âmbito da educação social.* Outro mundo educacional não-formal que nossa sociedade tem feito crescer de forma muito notável é o composto por todas aquelas instituições e programas destinados a pessoas ou coletivos que se encontram em alguma situação de conflito social: centros de acolhida, centros abertos, educadores de rua, programas pedagógicos em centros penitenciários etc.[11]

*O âmbito da própria escola.* É inevitável mencionar aqui a também vastíssima variedade de propostas educacionais surgidas do setor não-formal ou apresentadas em formato de educação não regrada, mas que, no entanto, se localizam na própria escola (atividades extracurriculares) ou servem de reforço para sua atuação (visitas e outras atividades organizadas por empresas, instituições culturais, organizações não governamentais, administrações públicas etc).[12]

## Relações entre a educação formal, a não-formal e a informal

Até aqui nos preocupamos mais em apontar as diferenças entre a educação não-formal e as outras duas do que em analisar os elos que existem ou deveriam se estabelecer entre os três setores educacionais. Nesta seção trataremos de evidenciar as interações existentes entre eles, a porosidade das fronteiras e, de forma sucinta, a complexidade do universo educacional a despeito das

---

11. Sobre a relação conceitual entre educação social e educação não-formal, ver Trilla, J., 2003b, p. 13-47.
12. Ver Trilla, J., 2004b, p. 305-324; Trilla, J., 2003a.

EDUCAÇÃO FORMAL E NÃO-FORMAL: PONTOS E CONTRAPONTOS

divisões que, com a melhor intenção taxonômica, procuramos estabelecer em seu interior.

A seguir analisaremos em três subseções as inter-relações existentes e desejáveis entre os tipos de educação. Em primeiro lugar, o que aqui chamaremos de *interações funcionais*; isto é, a maneira como as funções se relacionam e os efeitos desses tipos de educação. Em segundo lugar, trataremos das intromissões reais que se dão entre os três setores e que minam a idéia de que se trata de compartimentos absolutamente estanques; será uma análise das interações não mais funcionais, e sim de caráter, digamos, fenomênico. Finalmente, introduzindo um discurso de tipo projetivo, defenderemos um sistema de educação que aumente ainda mais a porosidade entre os três setores.

## Interações funcionais

A educação, do ponto de vista de seus efeitos, é um processo holístico e sinérgico; um processo cuja resultante não é a simples acumulação ou soma das diferentes experiências educacionais vividas pelo sujeito, e sim uma combinação muito mais complexa, em que todas essas experiências interagem entre si. É uma espécie de interdependência que pode ser expressa diacronicamente (cada experiência educacional é vivida em função das experiências educacionais anteriores e prepara e condiciona as subseqüentes), e também sincronicamente (o que acontece com a criança em determinado ambiente educacional tem relação com o que ela vive nos outros ambientes educacionais dos quais participa). De fato, se não existisse essa interdependência dos efeitos educacionais produzidos nos diversos ambientes, a própria eficácia formativa de cada um deles seria posta em questão. Afinal, para avaliar as aquisições educacionais produzidas em determinado ambiente é preciso examinar como estas se aplicam aos demais – sua capacidade de transferência, poderíamos dizer.[13]

Assim, parece claro que as educações formal, não-formal e informal, mesmo que nem sempre estejam ligadas orgânica ou explicitamente, estão funcionalmente relacionadas. E essas relações funcionais podem dar-se – como de fato se dão – de maneiras muito diversas. Algumas delas poderiam ser as seguintes:

• *Relações de complementaridade.* Mesmo considerando-se que a educação integral deve sempre ser um marco teleológico geral, é óbvio que cada uma das instâncias educacionais de que o sujeito participa não pode atender igualmente a todos os aspectos e dimensões da educação. Nesse sentido, aparece como uma espécie de complementaridade, uma espécie de partilha de funções, de objetivos, de conteúdos entre os diversos agentes educativos. Trata-se, não obstante, de diferenças de ênfase mais que excludentes: algumas instâncias atendem mais diretamente o lado intelectual, enquanto outras, mais o afetivo ou o social; algumas são concebidas para oferecer conteúdos gerais, enquanto outras, para desenvolver habilidades muito específicas; algumas pretendem capacitar para o trabalho, enquanto outras atuam no âmbito do lazer etc.

---

13. Como explicava U. Bronfenbrenner (1987, p. 54), "para demonstrar que houve desenvolvimento humano é necessário verificar que uma mudança produzida nas concepções e/ou atividades da pessoa se estende a outros ambientes e outros momentos".

## EDUCAÇÃO FORMAL E NÃO-FORMAL: PONTOS E CONTRAPONTOS

• *Relações de suplência ou de substituição.* Às vezes, a educação não-formal assume tarefas que são – ou deveriam ser – próprias do sistema formal, mas que ele não realiza de maneira satisfatória.[14] Em outros casos acontece o contrário: é ao sistema educacional formal que se atribuem funções de suplência em relação a conteúdos que talvez devessem ser transmitidos por outras instâncias.[15]

---

14. Um exemplo que, ao menos na Espanha, é muito claro nesse sentido é o caso da aprendizagem de línguas estrangeiras. A crescente consideração social do domínio de idiomas como valor importante em relação ao futuro acadêmico e profissional das crianças, a par da – em geral – notória ineficácia da escola nesse sentido, multiplica a oferta não-formal desse tipo de ensino. Se considerarmos que o domínio de alguma ou de algumas línguas estrangeiras já faz parte, na nossa sociedade, da bagagem comum de formação que a maioria ou todos deveriam possuir, é claro que tal aprendizagem precisa ser parte das funções que o sistema educacional formal deve assumir com eficácia. É por isso que a oferta não-formal exerce aí, em grande medida, uma função claramente supletiva.

15. É freqüente a tentação de atribuir à escola qualquer tarefa educacional (nova ou velha) que surja como necessária. A família, por exemplo, muitas vezes delega à escola funções que caberiam a ela. A mesma coisa fazem freqüentemente outras instâncias sociais (políticos, igrejas etc.) que pretendem delegar ao sistema formal uma parte de seus compromissos educacionais. Assim, cabe à escola prevenir a delinqüência, formar o consumidor, educar sexualmente, catequizar, ensinar o código de trânsito etc. A educação integral é – como já dissemos – um nobre ideal que há de ter em vista todas e cada uma das instâncias educacionais, mas para ser compartilhada entre todas, e não para que uma delas faça tudo. Sobrecarregar a escola de suplências é a melhor maneira de fazer com que ela não consiga cumprir a contento nem o que lhe cabe, nem o que cabe a outras instâncias.

VALÉRIA AMORIM ARANTES (ORG.)

• *Relações de substituição.* Além da suplência, a educação não-formal, em certas ocasiões e contextos, foi vista até como substituto da educação formal. Em contextos socioeconômicos com graves *deficits* de escolarização ou para grupos de população cujo acesso à escola é problemático (adultos analfabetos, populações geograficamente dispersas etc.), alguns programas educacionais não-formais foram utilizados como alternativas de urgência à situação de exclusão de determinados coletivos dos serviços culturais e educacionais convencionais.

• *Relações de reforço e colaboração.* Certos meios educacionais não-formais e informais servem também para reforçar e colaborar na ação da educação formal. Recursos (expressamente organizados ou não) provindos de fora das instituições formais são freqüentemente utilizados por elas no contexto de sua atividade: programas dos meios de comunicação; atividades que instituições como museus, bibliotecas, fundações culturais põem à disposição das escolas; fazendas, instalações agrícolas, viagens para educação ambiental; empresas que colaboram em programas de educação permanente etc.

• *Relações de interferência ou contradição.* Mas nem todas as inter-relações que se dão entre os três setores educacionais permitem, como nas rubricas anteriores, oferecer a imagem de um universo educacional que, expressamente ou de forma espontânea, tende a se ordenar (um deles complementando, suprindo, reforçando o outro). Há também interferências e contradições entre os diferentes tipos de educação. Na realidade, o que estamos dizendo aqui é o que já anunciamos na

EDUCAÇÃO FORMAL E NÃO-FORMAL: PONTOS E CONTRAPONTOS

abertura deste texto pela boca do barão de Montesquieu: aquilo que aprendemos por meio do que ele chamava "educação do mundo" às vezes contraria o que aprendemos na família e na escola. A idéia de que o sujeito está imerso em um meio educacional axiologicamente homogêneo, de que participa de ambiente e vivências educativamente convergentes em tudo é, em todo caso, apenas isso: uma idéia, um ideal (e até duvidoso, do qual haveria muito que falar). A realidade do universo educacional, que inclui também o universo social em que se insere, é sempre muito mais heterogênea, com valores em conflito, com interesses opostos. Só um meio educacional fechado, uma instituição total, poderia se aproximar de uma educação totalmente harmoniosa e sem contradições. Mas acontece que justamente as chamadas educação não-formal e informal – sobretudo a última – desmentem o caráter fechado, homogêneo e unilateral do ato educacional.

## Intromissões mútuas

Passaremos agora de uma análise funcional para uma análise fenomênica. Veremos como suas funções e efeitos não apenas se entrecruzam, mas como as chamadas educações formal, não-formal e informal se intrometem mutuamente e oferecem uma imagem muito distante da que resultaria de considerá-las compartimentos estanques.

Essas intromissões se dão em todos os sentidos. Determinada instância educacional pode ser considerada globalmente pertencente a um dos três tipos de educação e ao mesmo tempo acolher elementos ou processos próprios dos outros dois. Assim, por exemplo, uma instituição escolar de ensino fundamental (ou

VALÉRIA AMORIM ARANTES (ORG.)

secundário, ou superior), pertencente por definição ao modo educacional formal, pode incluir atividades não-formais (aquelas de caráter extracurricular) e indevidamente conter processos educacionais informais (aqueles que resultam das interações não planejadas entre os grupos de iguais).

Não faltariam exemplos semelhantes: os meios de comunicação de massas, que seriam preponderantemente informais, podem acolher espaços virtualmente formais (um programa para uma universidade a distância) e outros não-formais (cursos de línguas, de bricolagem ou de cozinha, programas de educação cívica, anúncios para a prevenção de acidentes de trânsito etc.); um instrumento tão formal como um livro didático do ensino médio pode ser eventualmente utilizado em um contexto informal (um adulto que, fora de qualquer disciplina escolar, recorre a ele para aprender determinado conteúdo de forma, digamos, autodidata); de modo inverso, um produto cultural originalmente informal como um filme pode ser formalmente instrumentalizado para uma aula de história.[16]

---

16. Na realidade, os exemplos que acabamos de apresentar sugerem um tema de interesse conceitual: o de que as categorias de educação formal, não-formal e informal são geralmente utilizadas para classificar e comparar entidades educacionais nem sempre de nível equiparável. Os rótulos "formal", "não-formal" e "informal" costumam ser aplicados indistintamente a instituições, agentes educacionais pessoais, instrumentos, atividades concretas, programas ou projetos etc. Para um uso taxonômico estritamente rigoroso dos conceitos que nos ocupam, caberia, em cada caso, delimitar a classe de referentes aos quais se aplicam, de tal maneira que eles fossem equiparáveis por suas características e dimensões.

EDUCAÇÃO FORMAL E NÃO-FORMAL: PONTOS E CONTRAPONTOS

## Permeabilidade e coordenação

Quanto ao exposto nos dois itens anteriores, nas melhores propostas pedagógicas – tanto naquelas que se referem ao planejamento macroeducacional como naquelas que têm como objeto a concepção de programas concretos de intervenção – existe a vontade de fazer todas as pontes possíveis entre as diferentes educações, de incrementar ainda mais a porosidade existente entre elas, de torná-las permeáveis ao máximo. Propostas ou tendências como as que seguem estariam nessa linha. (Algumas são tão antigas que seria um lugar-comum insistir nelas, não fosse sua realização prática ainda tão ínfima.)

• As instituições educacionais formais deveriam incrementar o uso dos recursos não-formais e informais que estão à sua disposição. Em sentido inverso, também as instâncias formais teriam de prestar seu apoio para o desempenho de outras funções educacionais, culturais e sociais. A utilização dos equipamentos escolares fora dos horários letivos para atividades não-formais ou informais é um exemplo concreto dessa demanda.

• No marco da educação formal, deveriam ser valorizadas e reconhecidas as aquisições que os indivíduos realizam em contextos não-formais e informais. Embora sejam insuficientes e nem sempre operacionalizadas de forma conveniente, já existem realizações nesse sentido: o vestibular para adultos que não puderam seguir a escolaridade regulamentar não é outra coisa senão um expediente mediante o qual o sistema formal reconhece as aprendizagens não-formais ou informais realizadas pelo indivíduo.

• Deveriam adequar-se plataformas que permitissem e promovessem a coordenação entre instâncias educacionais formais, não-formais e, quando fosse o caso, informais, de modo a otimizar a complementaridade já comentada e evitar duplicidades desnecessárias. Essa coordenação é necessária em todos os níveis: nos organismos mais altos de gestão dos sistemas educacionais, mas também – e até mais, quando necessário – nos campos concretos de atuação.

• Tampouco estaria fora de lugar a concepção de programas "híbridos" de educação formal e não-formal que acolham os aspectos mais pertinentes de ambos os tipos de educação, de modo a poderem ser adaptados da melhor maneira possível às características específicas de contextos e destinatários.

Todas essas propostas, e outras na mesma linha de permeabilizar tanto quanto possível os três setores educacionais, de certo modo se baseiam em algumas considerações de caráter mais geral. Veremos duas delas: uma que aponta um fato, outra que formula uma aspiração.

A de caráter factual é que, na realidade, o fato de a aquisição ter-se realizado pela via formal, não-formal ou informal tem importância muito relativa. O que realmente importa deveria ser a qualidade e a pertinência pessoal e social da aprendizagem em questão, e que o processo para chegar a ela tenha sido o mais eficaz. Talvez a única coisa – embora não seja pouca – que importa ao educando no fato de o processo de aprendizagem ser formal, não-formal ou informal seja a obtenção de um título acadêmico (na formal) ou de um certificado (na não-formal). Embora essas questões tenham grande relevância na nossa sociedade – talvez desmedida –, não deixam de constituir aspectos um tanto externos (motivações extrínsecas) do processo de aprendi-

EDUCAÇÃO FORMAL E NÃO-FORMAL: PONTOS E CONTRAPONTOS

zagem. O que queremos dizer com tudo isso é que o planejador de programas educacionais deve dar importância muito relativa ao rótulo que o fruto de seu trabalho merecerá. É possível que, se ele planejar combinando corretamente as necessidades e os recursos existentes, não deixando que os rótulos atrapalhem seu trabalho, o resultado final seja uma espécie de mistura, um híbrido, como dizíamos anteriormente. E isso não porá em questão a utilidade da classificação que aqui nos ocupa, mas simplesmente advertirá que sua utilidade não pode ser, justamente, atrapalhar as ações educativas.

A consideração desiderativa que está na base de propostas como as anteriores, que combinam o formal, o não-formal e o informal, é a vontade de configurar um sistema educacional que facilite ao máximo que cada indivíduo possa traçar seu itinerário educacional de acordo com sua situação, suas necessidades e seus interesses. Para tanto, o sistema tem de ser aberto, flexível, evolutivo, rico em quantidade e diversidade de ofertas e meios educacionais. E um sistema educacional só poderá sê-lo se realmente incorporar o setor não-formal e considerar e valorizar o informal.

## Epílogo

É possível que as páginas precedentes tendam a oferecer uma versão um tanto mitificada da educação não-formal. Ao ressaltar as contribuições dela para fazer frente a certas necessidades ou demandas educacionais de nossa sociedade, talvez tenhamos descuidado da perspectiva crítica e da conveniente desconfiança ao nos aproximarmos das *grandes soluções*. Nosso discurso sobre a educação não-formal até aqui tentou ser fundamentalmente descritivo, mas temos de reconhecer que, em geral, também esteve carregado de conotações valorativas de sinal positivo. A isso nos impele, quase inconscientemente, a própria tarefa imposta de descrever um setor do universo educacional que, ainda hoje, na consideração de boa parte dos pedagogos, ocupa um espaço marginal quando, na realidade, já está exercendo um papel muito relevante. Talvez a tácita subestimação da educação não-formal em certos círculos possa levar a superestimá-la, a destacar apenas suas possíveis virtudes, evitando seus também possíveis (e reais) riscos e defeitos. Porque é certo que a educação não-formal está longe de ser a solução milagrosa para a multidão de problemas da realidade educacional atual ou futura.

Na realidade, salvo nos aspectos que conceitualmente distinguem a educação formal da não-formal, esta última pode abrigar males idênticos àqueles que podem ser apontados na primeira. A educação não-formal pode ser tão classista, alienante, burocrática, ineficiente, cara, obsoleta, estática, manipuladora, estereotipada, uniformizadora quanto a formal. E até pode ser pior em algum desses quesitos, uma vez que a formal, em todo caso, já é um "mal conhecido". A mesma relativa novidade dos meios não-formais e sua aparência de panacéia talvez contribuam para disfarçar seus defeitos.

Enfim, a educação não-formal não é nenhuma panacéia. É tão maniqueísta projetar toda a culpa educacional na escola quanto supor que a educação não-formal seja uma poção mágica e imaculada. Apresentá-la globalmente como remédio para as desigualdades educacionais e sociais, e para os vícios em que a esco-

EDUCAÇÃO FORMAL E NÃO-FORMAL: PONTOS E CONTRAPONTOS

larização formal tem caído, é tão simplista e tolo quanto recusar sua colaboração para facilitar o acesso mais amplo e justo a uma educação da maior qualidade possível.[17]

## Referências bibliográficas

AYUSTE, A.; TRILLA, J. "Pedagogías de la modernidad y discursos postmodernos sobre la educación." In: *Revista de Educación*, 336, jan.–abr., 2005, p. 219-248.

BADIA, A.; MAURI, T.; MONEREO, C. (Coords.) *La práctica psicopedagógica en educación no formal*. Barcelona: UOC, 2006.

BRANDINI, M.; SIEIRO, R. (Orgs.) *Educação não-formal. Contextos, percursos e sujeitos*. São Paulo: Setembro, 2005.

BROFENBRENNER, U. *La ecología del desarrollo humano*. Barcelona: Paidós, 1987.

COLOM, A. J. "Continuidad y complementariedad entre la educación formal y no formal." In: *Revista de Educación* nº 338, 2005, p. 9-22.

COOMBS, P. H. *The world educational crisis*. Nova York: Oxford University Press, 1968.

_____. *La crisis mundial de la educación. Perspectivas actuales*. Madri: Santillana, Col. "Aula XXI", 1985.

---

17. Essa visão crítica sobre certas propostas e usos da educação não-formal encontra-se desenvolvida mais extensamente em Trilla, 1993, p. 221 e seguintes.

COOMBS, P. H.; AHMED, M. *Attacking rural poverty: how non-formal education can help.* Baltimore: Johns Hopkins University Press, 1974.

DELORS, J. *et al. La educación encierra un tesoro.* Madri: Unesco-Santillana, 1996.

DEWEY, J. *Las escuelas del mañana.* Madri: Librería de los Sucesores de Hernando, 1918.

FAURE, E. *et al. Aprender a ser.* Madri: Alianza Universidad, 1972.

GARCÍA CARRASCO, J. "Educación informal de personas adultas en culturas orales, lectoescriptoras e informacionales." In: *Revista de Educación* nº 338, 2005, p. 23-44.

GÓMEZ-GRANELL, C. *et al.* (Coords.) *Infancia y familias:* realidades y tendencias. Barcelona: Ariel, 2004, p. 153-174.

LA BELLE, T. J. *Nonformal education and social change in Latin America.* Los Angeles: UCLA Latin America Center, 1976.

_____. "Formal, nonformal and informal education: a holistic perspective en lifelong learning." In: *International review of education,* vol. 28, nº 2, 1982, p. 159-175.

MONTESQUIEU, C. *De l'esprit des lois. Oeuvres complètes,* vol. II. Paris: Gallimard, 1951.

PAIN, A. *Education informelle. Les effets formateurs dans le quotidien.* Paris: L'Harmattan, 1990.

PUIG, J. M.; TRILLA, J. *A pedagogia do ócio.* Porto Alegre: Artmed, 2003.

SCRIBNER, S.; COLE, M. "Cognitive consequences of formal and informal education." In: *Science* nº 182, nov. 1973, p. 553-559.

TRILLA, J. *Ensayos sobre la escuela. El espacio social y material de la escuela.* Barcelona: Laertes, 1985.

_____. *La educación informal.* Barcelona: PPU, 1986.

_____. "El sistema de educación no formal: definición, conceptos básicos y ámbitos de aplicación." In: SARRAMONA, J. (ed.) *La educación no formal.* Barcelona: Ceac, 1992, p. 9-50.

_____. *La educación fuera de la escuela. Ámbitos no formales y educación social.* Barcelona: Ariel, 1993.

_____. *Otras educaciones. Animación sociocultural, formación de adultos y ciudad educativa.* Barcelona: Anthropos, 1993.

_____. "Ciudades educadoras: bases conceptuales." In: SABBAG ZAINKO, M. A. (org.) *Cidades educadoras.* Curitiba: Editora da UFPR, 1997, p. 13-34.

_____. "A educación non formal e a cidade educadora: dúas perspectivas – una analítica e outra globalizadora – do universo da educación". In: *Revista Galega do Ensino*, nº 24, Santiago de Compostela, 1999, p. 199-221.

_____. "La cultura y sus mediaciones pedagógicas". In: GARCÍA GARRIDO, J. L. (Orient.) *La sociedad educadora.* Madri: Fundación Independiente, 2000, p. 125-144.

_____. (coord.) *El legado pedagógico del siglo XX para la escuela del siglo XXI.* Barcelona: Graó, 2001.

VALÉRIA AMORIM ARANTES (ORG.)

_____. "La respuesta del marco escolar frente a las nuevas necesidades de la familia y el educando." In: VVAA. *La participación de los padres y madres en la escuela.* Barcelona: Graó, 2003a.

_____. "O univérso da educação social." In: ROMANS, M.; PETRUS, A.; TRILLA, J. *Profissão: educador social.* Porto Alegre: Artmed, 2003b, p. 13-47.

_____. "Conceito, discurso e universo da animação sociocultural." In: TRILLA, J. (coord.) *Animação sociocultural. Teorias, programas e âmbitos.* Lisboa: Instituto Piaget, 2004a, p. 19-43.

_____. "Los alrededores de la escuela." In: *Revista Española de Pedagogía* n° 228, 2004b, p. 305-324.

_____. *A pedagogia da felicidade. Superando a escola entediante.* Porto Alegre: Artmed, 2006.

# Educação formal e não-formal: do sistema escolar ao sistema educacional

*Elie Ghanem*

## Dois campos de uma realidade fragmentada

Pode-se dizer que a educação dita formal é muito recente na história humana. Não porque ela coincida – o que é um fato – quase completamente com a educação escolar, pois esta já existia séculos antes de Cristo, na Antigüidade clássica. Mas porque o caráter formal da educação decorre essencialmente de um conjunto de mecanismos de certificação que formaliza a seleção (e a exclusão) de pessoas diante de um mercado de

VALÉRIA AMORIM ARANTES (ORG.)

profissões estabelecido, que só começou a se configurar há cerca de 250 anos.

A educação escolar foi ajustada a esses requisitos quando a chamada estrutura ocupacional se urbanizou e uma parcela importante da economia pôde ser suprida com ocupações compatíveis com o uso de saberes tipicamente escolares. Isso não se deu logo no século XVIII, quando a escola passou a cumprir sua função no projeto político de conformar tipos de cidadania modernos e aqueles saberes foram originalmente escolhidos como condição para o uso da razão, cumprindo exigências de uma concepção de liberdade. A aproximação entre escolarização e economia se acentuou na Europa na segunda metade do século XIX, e marcadamente em outros continentes cem anos depois. A educação escolar delineada a partir daquele fim político e, bem depois, com base naquela função econômica, vindo a ser provida, financiada e reconhecida formalmente pelo Estado, passou a estar no centro das cogitações educacionais, no espaço público, servindo de modelo a outros processos educacionais e se tornou objeto quase exclusivo da formulação e implementação de políticas educacionais.

Decerto outras necessidades coexistiam com as que demandaram educação formal e, para aquelas, uma grande variedade de esforços educacionais não formais se foram experimentando, seja para sustentar a luta por novos direitos, seja para exercer os que chegaram a ser legalmente consagrados, seja mesmo para responder a diversos apelos do dinamismo da economia que não encontravam solução suficiente na educação formal. Esta persistiu em suas características essenciais e no tratamento que sempre recebeu no espaço público, não obstante a estrutura ocupacional ter se modificado, ter atravessado crises e ter assistido à saturação dos mercados

EDUCAÇÃO FORMAL E NÃO-FORMAL: PONTOS E CONTRAPONTOS

de trabalho, com a inflação de diplomas, a desvalorização de sua remuneração e a crescente inadequação dos saberes dos quais se supôs que os diplomas seriam a garantia. Muito esquematicamente, assim se delineou um campo de educação formal separado, indiferente ou até contrário a outro, de educação não-formal.

O Brasil é um exemplo, dentre os muitos países nos quais a separação entre educação formal e não-formal é estanque e nítida. Não só pela minuciosa regulamentação legal da primeira em contraste com a da última, mas também devido ao acentuado alheamento entre ambas. É sobre essa realidade, essencialmente com base na experiência brasileira, que serão lançadas algumas considerações aqui.

Sem anular o que foi dito anteriormente, é preciso sublinhar que, num dos mais abrangentes e isentos trabalhos sobre o tema, Trilla (1985) critica e ultrapassa o sentido freqüentemente impreciso com o qual se caracteriza a educação não-formal e a informal por oposição à educação escolar. Ele, além disso, diferencia não-formal de informal no amplo e heterogêneo setor educacional que resta para além do escolar, considerando os meios que "estão organizados para a consecução de objetivos educacionais explicitamente formulados, e os que foram conformados a partir de intervenções pedagógicas específicas" (Trilla, 1985, p. 13-14). Ele situa nesses diferentes compartimentos, por exemplo, respectivamente, um programa de televisão para ensino de língua estrangeira e um filme seriado de TV, um curso de reciclagem profissional e aprendizagens que se adquirem diretamente no processo de trabalho. Nesses casos, a intencionalidade no que diz respeito à modificação de condutas é o critério de classificação da não-formal e da informal.

VALÉRIA AMORIM ARANTES (ORG.)

Para Trilla, a melhor caracterização da educação informal é o fato de se produzir indiferenciadamente de outros processos sociais: sua "forma" propriamente educacional "não emerge como algo distinto do curso próprio da ação ou situação em que o processo transcorre" (1985, p. 18).

> a) na educação informal, não existe o reconhecimento social generalizado do papel educacional do agente como função própria ou específica (este não apresenta nenhum atributo especial e explícito que, no marco do processo educacional de que se trate, credite-o propriamente como educador; b) o contexto (espacial, institucional...) do processo que gera os efeitos educacionais não é especificamente reconhecível como educacional (sua configuração não denota aprioristicamente educatividade). (Trilla, 1985, p. 19)

Já a educação não-formal contém igualmente grande quantidade e variedade de meios e programas, que Trilla (1985, p. 38) agrupa em funções referentes ao mundo do trabalho, à educação escolar, à educação permanente, à vida cotidiana, à educação especial e a outros aspectos diversos, ainda que sejam funções compartilhadas também com a educação formal e com a informal. Ele menciona a capacitação profissional para o primeiro emprego, a requalificação, a reciclagem e o aperfeiçoamento profissional, a orientação profissional e vocacional e a qualificação técnica. E também o ensino a distância em substituição aos meios escolares, a complementação da escola com recursos didáticos (TV, museus, bibliotecas e fazendas, colônias de férias, intercâmbios, grupos de teatro e esportivos), programas compensatórios, preparação para ingresso na universidade, ensaio de métodos e materiais educacionais, formação de pessoal

EDUCAÇÃO FORMAL E NÃO-FORMAL: PONTOS E CONTRAPONTOS

para o magistério, alfabetização de pessoas adultas, formação social, política e religiosa, formação estética e artística, formação física e desportiva, animação cultural, educação para o ócio, ambiental, sanitária, sexual e familiar, cívica, educação especial, educação de rua, reabilitação de pessoas drogaditas, desenvolvimento pessoal e em relações humanas (Trilla, 1985, p. 38-42).

A educação não-formal, numa consideração metodológica, é entendida como procedimentos (ensino a distância, meios itinerantes etc.) que se separam das formas escolares convencionais. Numa consideração chamada estrutural, os conteúdos, habilidades e destrezas geradas não fazem parte do sistema educacional graduado, não supõem alcançar um título, grau ou nível oficial. Em síntese, para ele, educação não-formal é o

> [...] conjunto de meios e instituições que geram efeitos educacionais a partir de processos intencionais, metódicos e diferenciados, que contam com objetivos pedagógicos prévia e explicitamente definidos, desenvolvidos por agentes cujo papel educacional está institucional ou socialmente reconhecido, e que não faz parte do sistema educacional graduado ou que, fazendo parte deste, não constitui formas estrita e convencionalmente escolares. (Trilla, 1985, p. 22)

Um ponto, porém, particularmente importante é que, baseado em Callaway (1973, p. 31-45), Trilla também afirma que a educação não-formal é um setor cujos meios e atividades não se vinculam nem se conectam entre si. No entanto, note-se que, na educação escolar (inegavelmente exemplo de educação formal), meios, atividades e mesmo objetivos têm vínculos puramente

VALÉRIA AMORIM ARANTES (ORG.)

artificiais. No Brasil, o que se denomina sistema educacional é considerado, na prática, apenas um conjunto de sistemas escolares, reduzidos a órgãos administrativos e estabelecimentos de prestação direta de educação básica pública. Esta se divide em estabelecimentos de educação infantil (centros para crianças de até 3 anos e escolas para crianças de 4 a 6 anos), escolas de ensino fundamental (regularmente para pessoas de 6 ou 7 a 14 anos de idade, também oferecido a pessoas adultas que não o concluíram naquela faixa etária) e escolas de ensino médio (com três anos de duração). Os serviços de educação escolar básica se dão por unidades públicas ou por aquelas mantidas por particulares, configurando dois grupos próprios, sem colaboração entre si. Têm em comum somente a mesma legislação reguladora e a mesma fiscalização do poder executivo.

Além da educação escolar básica, há a educação superior, composta por centros, institutos, escolas, faculdades e universidades. A educação superior também é dividida em dois campos dissociados, o das instituições públicas e o das particulares. Ambos habilitam e diplomam a maior parte de profissionais do magistério da educação básica. Nisso consiste o principal nexo entre os níveis escolares básico e superior.

No pacto federativo brasileiro, há três tipos de entes federados, dispostos numa hierarquia de crescente abrangência, que vai do nível municipal, passando pelo estadual, até o federal, que abarca todo o território nacional. Em obediência à Constituição, os governos municipais são responsáveis prioritariamente pela oferta de estabelecimentos de educação infantil e de ensino fundamental, enquanto os governos estaduais devem encarregar-se prioritariamente também das escolas de ensino fundamental, além das de ensino médio. Os três níveis de governo (municipal, estadual e federal) se relacionam tipicamente em torno da disputa dos recursos públicos para a escolarização, de modo que, mesmo tomando isoladamente a educação realizada nesse setor governamental, a cooperação só se dá eventual e acidentalmente, sobretudo quando é favorecida pela existência das mesmas coalizões partidárias nos diferentes níveis de governo.

No interior de cada sistema de educação escolar básica estadual ou municipal, há também uma hierarquia administrativa, na qual os órgãos do nível superior determinam diretrizes de política, os do nível intermediário exercem controle quanto à execução das diretrizes e, no nível inferior, pretende-se que as diretrizes sejam executadas, pois nele se situam os estabelecimentos em que ocorrem diretamente as práticas educacionais. Pretensão que se vê seguidamente frustrada pelo próprio fato de que as pessoas encarregadas da execução não são também as que concebem as diretrizes a serem cumpridas.

Cada estabelecimento escolar, por sua vez, além de ter previsivelmente uma composição e uma dinâmica peculiares, costuma atuar praticamente de forma a desconsiderar a atuação dos demais. É muito comum que escolas subordinadas a um mesmo governo estadual trabalhem sem nenhuma ligação entre si, ainda que sejam localizadas em um mesmo bairro e até que a distância física que as separa seja inferior a um quilômetro, ou que parte de seu corpo docente lecione algumas horas do dia em uma e em outra, ou, sobretudo, que sirvam a grupos populacionais de idênticas características socioeconômicas. A mesma discrepância ocorre habitualmente entre estabelecimentos municipais e entre estes e os estaduais.

VALÉRIA AMORIM ARANTES (ORG.)

Todas essas ramificações da educação escolar não significam divisão racional e solidária de funções. Comportam uma multiplicidade de orientações e seu alto potencial de incoordenação. São antes fragmentação e desencontro, o que destitui de sentido as expressões "sistema escolar" e "sistemas escolares", atribuídas a tal emaranhado de atividades cujas conexões são puramente formais. Esses aglomerados de serviços da mesma natureza não podem ser apropriadamente chamados de sistemas.

Somando-se a isso o fato de o universo educacional ser abordado no espaço público de forma reduzida à educação escolar, não cobrindo nada do incomensurável conjunto de outras práticas educacionais, torna-se impossível identificar a existência de algo passível de ser justificadamente denominado de sistema educacional. Um significado condigno para a expressão "sistema educacional" conferiria a este propriedades indispensáveis para conjugar formal e não-formal em benefício de uma educação para respeitar os direitos de toda pessoa humana. Assim, um sistema educacional propriamente dito resultaria do que Torres (2007, p. 2) nomeia de incidência em educação, abarcando não só o sistema escolar, mas o campo educacional em seu conjunto; não só o que se costuma considerar política educacional, mas todas as políticas econômicas e sociais que têm que ver com condições de ensino e de aprendizagem; não só as políticas, mas o fazer educacional (cenários, atores, mentalidades, relações, práticas que configuram e sustentam cotidianamente a educação nos níveis local e nacional, dentro e fora do sistema escolar); não só as políticas, mas a política, matriz na qual se moldam todas as políticas e o modo de desenhá-las e geri-las; não só organizações da sociedade civil, mas a comunidade educacional e cidadãos(ãs) em geral, especialmente

66

EDUCAÇÃO FORMAL E NÃO-FORMAL: PONTOS E CONTRAPONTOS

pais de família, estudantes e comunidades territoriais; não só os governos (nacionais e locais), mas também o setor privado, a Igreja e os organismos internacionais, atores fundamentais por trás das políticas e da política nos níveis nacional e internacional.

## Conquistas e limitações da educação formal

A criação e ampliação de sistemas escolares públicos trouxeram extraordinária contribuição para a democracia, por sua perspectiva de abrangência universal, viabilizada por seu caráter gratuito. Sobretudo a dimensão da igualdade foi promovida, seja porque uma parte dos serviços do Estado alcançou segmentos sociais antes não tocados por este, seja porque, com essa difusão, as escolas se tornaram, em considerável medida, lugares de convívio entre pessoas de diferentes níveis de renda. Também porque os momentos de impulso da urbanização abriram vias de mobilidade social ascendente, para a qual a escolarização e os diplomas adquiriram a maior importância. Paralelamente, a propagação de saberes escolares forneceu instrumentos para contingentes mais amplos compreenderem direitos estabelecidos ou se engajarem com mais eficiência na luta por direitos. Ainda na dimensão da igualdade, a escola atuou como meio de integração cultural, necessária à consolidação de identidades nacionais que fundamentaram a afirmação de direitos de cidadania.

Não obstante essa epopéia (certamente não concluída), as funções da escola como educação formal contrastam com as da educação não-formal apontadas por Trilla (1985, p. 23), que primam

VALÉRIA AMORIM ARANTES (ORG.)

pela diversidade: educação permanente (meios de alfabetização de pessoas adultas, programas de expansão cultural etc.), complementação da escola, pedagogia do ócio, formação profissional, formação cívica, social, política, ambiental, física, sanitária etc. Da mesma maneira, diversificados são os métodos, procedimentos e instituições da educação não-formal: sistemas individualizados e coletivos, presenciais e a distância, uso de tecnologias (sofisticadas, artesanais ou rudimentares), programação detalhada ou de definição muito genérica. A mesma diversidade caracteriza seus objetivos, abrangendo todo tipo de objetivo cognoscitivo, afetivo ou psicomotor, os três famosos tipos da taxonomia de Bloom (1956).

Os meios educacionais não formais podem cobrir uma ampla gama de funções relacionadas com a educação permanente e com outras dimensões do processo educacional global, marginalizadas ou deficientemente assumidas pela instituição escolar. (Trilla, 1985, p. 24)

Além de indicar essa amplitude de objetivos, Trilla (1985:23) concorda acertadamente com Brembeck (1976), para quem a educação não-formal é particularmente idônea para a satisfação de necessidades muito imediatas e próximas, e, por isso, os meios não formais estariam realmente orientados para produzir efeitos a curto prazo.

No outro extremo, o fluxo escolar abrange muitos anos, deixando subjacente a perspectiva de um longo "preparo para a vida" (entendida como vida adulta, produtiva ou civil). Nessa perspectiva, há uma forte correspondência entre educação escolar e o período de infância e juventude. Essa perspectiva se vê con-

Educação formal e não-formal: pontos e contrapontos

trariada porque grande parcela de jovens e mesmo de crianças a interrompe (ou a vê interrompida), na obrigação de cumprir com responsabilidades que deveriam ser exclusivamente adultas. Mas, ainda que não houvesse tal interrupção, é preciso ressaltar que a perspectiva da educação escolar como longo "preparo para a vida" não deve ser entendida de maneira natural ou desejável, forma como geralmente é vista. Basta lembrar as críticas que a esta fez todo o movimento de "educação nova" e cada um de seus expoentes (cf. Dewey, por exemplo, em Teitelbaun e Apple, 2001, p. 4).

Além dessa limitação manifesta na perspectiva temporal, há limites de caráter espacial, pois a escola paralisa o trabalho educacional em um lugar criado única e expressamente para isso, fixo e previamente definido. Para alterar esses traços, porém, a mobilidade conferida pela tecnologia audiovisual não se mostrou suficiente, e tampouco o uso de diferentes instalações como ônibus-bibliotecas, museus, centros recreativos, desportivos, fazendas ou mesmo os prédios escolares em horários fora das aulas regulares. Mais ainda, essas modificações não significaram alcançar uma escola aberta aos conflitos sociais. A escola continua preocupada estritamente com os chamados conhecimentos instrutivos – ou, pior dizendo, os chamados "conteúdos" – e indisposta a criticar e responder aos problemas que envolvem conflitos, tanto os de grande amplitude quanto os do microcosmo escolar. Nessa perspectiva, Petrus, por exemplo, fala de "hermetismo da escola", "autismo escolar", "falta de vida comunitária", "baixo nível de satisfação de seus usuários". Chega a propor a violência como objeto de atenção escolar, considerando-a como conteúdo e acreditando que

[...] quando nossos jovens conhecerem o que é a violência e tiverem a oportunidade de falar livremente dela em sala de aula, a violência perderá parte do atrativo pessoal e tribal que atualmente possui para alguns de nossos alunos. Além disso, conhecer um problema é o início de sua solução. (Petrus, 2003, p. 73)

Essas indicações sugerem que muito da "vida real" nem sequer chega a ser aludido por temas escolares. Aliás, entre os fatores de desenvolvimento do setor não-formal, Trilla (1985, p. 131) situa a crise dos sistemas educacionais estabelecidos pelo desequilíbrio entre o que se dispunham a oferecer e as reivindicações dos contextos sociais. Os sistemas escolares se revelam obsoletos para satisfazer tais reivindicações, de modo que a expansão da escola não serviria para fazer frente a estas, seja numa perspectiva de "transformação social", seja na da simples reprodução. Estudos especializados passaram a alargar o conceito de educação assim como a demanda social por educação se ampliou, elevando-se as expectativas por intervenção sobre o ócio infantil, por níveis superiores de ensino, por diversidade de áreas educacionais. O desenvolvimento tecnológico proporcionou a incidência dos meios de comunicação de massa na formação tanto quanto potenciou procedimentos individualizados. Transformações na estrutura familiar se conjugaram com o aumento da esperança de vida, além de colocarem a necessidade de custódia na ausência dos pais durante o trabalho. Mudanças nos ambientes de trabalho, por sua vez, multiplicaram demandas de capacitação profissional.

Tudo isso ocorreu em contextos de recorrentes crises econômicas, ao passo que os custos de oferecer serviços escolares se tornaram crescentes. Porém, a instituição escolar não teria perdido

EDUCAÇÃO FORMAL E NÃO-FORMAL: PONTOS E CONTRAPONTOS

espaço em favor da educação não-formal, apesar de suas precariedades e das críticas de que é alvo.

> Certamente a escola segue funcionando intensiva e maciçamente. Não cede terreno ao não-formal, ao menos de forma muito notória. Em todo caso, dá-se uma complexa dinâmica pela qual meios ou modos em princípio não formais podem ser assumidos pela escola, enquanto, em outros casos, tarefas tradicionalmente escolares são extraídas dela. (Trilla, 1985, p. 142)

Ressalte-se, entretanto, que, para "se adequar à democracia, também não bastaria à educação escolar brasileira promover a multiplicação de aprendizagens" (Ghanem, 2004, p. 218). Aquela assimilação de traços não-formais pela escola não terá grande vigor nem será satisfatória se não se superar o modelo da escola como organização especializada em outorgar saberes. Isso vale também para a educação não-formal.

## Dinamismo e desorientação da educação não-formal

A educação não-formal, por sua vez, supõe também a intenção de estender a educação e, por isso, a maioria da população que atinge é de pessoas menos incluídas no sistema escolar convencional, ainda que não esteja dirigida a determinados grupos de idade, sexo, classe social, hábitat urbano ou rural etc. Essas pessoas apresentam grande motivação intrínseca, sua adesão a programas costuma ser voluntária, e, sendo seus interesses e

VALÉRIA AMORIM ARANTES (ORG.)

necessidades mais claramente assumidos, podem seguir ou abandonar os programas conforme entendam que estes satisfazem ou não suas expectativas.

As formas de recrutamento, o *status* profissional e a formação de quem desempenha função educacional em programas não-formais são muito variáveis, uma vez que a exigência de títulos acadêmicos é menor e relativizada (cf. Trilla, 1985, p. 26). Algumas dessas pessoas passaram por curtos programas de formação, como é comum em campanhas de alfabetização (muitas vezes, são estudantes ou pessoas com um pouco mais de domínio da escrita que aquelas a quem se dedicará seu trabalho alfabetizador), outras contaram com longa e ampla formação. Essa liberdade para a composição do pessoal que trabalha nos programas possibilita escolhas que levem em conta adequadamente as finalidades propostas e os recursos disponíveis, assim como freqüentemente dá margem à superexploração, à instabilidade das equipes ou a oscilações no profissionalismo de seu desempenho. Não é também suficiente para que os indivíduos engajados no trabalho educacional constituam equipes articuladas e para que extraiam bom proveito das múltiplas características de experiência, origem e formação possíveis.

Mas, os chamados conteúdos tendem, segundo Trilla (1985, p. 27), ao contrário do sistema formal, a ser selecionados e adaptados considerando-se necessidades autóctones e imediatas das áreas de atuação. Seriam, assim, mais contextualizados, funcionais, de caráter "menos abstrato e intelectualista". A mesma flexibilidade se encontra nos métodos e técnicas empregados, que derivam dos conteúdos, do contexto e do grupo de participantes, cabendo procedimentos individualizados ou não, assim como o uso ou não de meios tecnológicos. Metodologias ativas e intuitivas tendem a

EDUCAÇÃO FORMAL E NÃO-FORMAL: PONTOS E CONTRAPONTOS

se sobrepor a outras, verbalistas ou memorísticas. A não obrigatoriedade de acoplar-se a estruturas, hábitos e formas organizativas próprias da escola explica a aplicação mais direta e livre de constrangimentos daqueles procedimentos, inclusive quanto a calendários e horários, aspectos operacionais, mas de suma importância na concretização dos fins gerais do trabalho educacional. No entanto, se essas vantagens têm de ser admitidas na comparação com a escolarização formal, não deveriam fazer com que se deixasse de perguntar: por que a escola deve ser aceita em suas estruturas, hábitos e formas organizativas, portanto, em seus aspectos de constrangimento?

Distantes desse questionamento, cursos superiores de pedagogia social vêm configurando tentativas de tratamento organizado à educação não-formal. Com preocupações conceituais análogas àquelas referentes à educação não-formal, Trilla (2003) recorre à noção "ar de família", de Wittgenstein, para descrever o uso da expressão pedagogia social em vez de tentar defini-la. Wittgenstein fez isso com o que se chama de jogos, pois, olhando-os "vemos uma complicada rede de semelhanças que se superpõem e se entrecruzam" (Wittgenstein, 1988, p. 87-88 *apud* Trilla, 2003, p. 15). Na Espanha, a formação acadêmica em educação social inclui a "educação especializada", a "educação de pessoas adultas" e a "animação sociocultural", e Trilla diz que, se não é "simples delimitar o objeto próprio e específico da educação social globalmente considerada em relação a outros objetos pedagógicos, sociais e culturais, tampouco é fácil delimitar com precisão aquelas três parcelas internas da mesma" (Trilla, 2003, p. 31). Mas, para que seria necessário fazer uma delimitação exata? Aparentemente, a necessidade advém da lógica própria das disciplinas que organizam e dão identidade a cursos, lógica presidida por uma ordem administrativa e pelas pressões de um mercado de trabalho profissional, aspectos em geral alheios à vida interna dos processos de aprendizagem e até mesmo estranhos à densidade e diversidade da prática profissional.

A "educação especializada" definia seu objeto com base nos grupos destinatários ("populações em situação de risco de inadaptação ou marginalização") e a "educação de pessoas adultas" fazia o mesmo, mas restringindo o seu universo às pessoas adultas, enquanto a "animação sociocultural" compreendia inclusive aqueles grupos, porém não se circunscrevia a eles. Embora não veja com preocupação a falta de fronteiras entre esses âmbitos de um mesmo campo de exercício profissional, Trilla considera natural haver contenciosos profissionais entre "educadores sociais" e "trabalhadores sociais" (Trilla, 2003, p. 33). O que é perceptível porque estes se definem mais pelo campo da assistência, mas sua atuação encerra necessariamente alguma prática educacional.

Um dos traços comuns àqueles três âmbitos, por exemplo, é serem "fortemente contextualizados", partindo das "realidades concretas em que vivem os sujeitos", no sentido de pretenderem que "os sujeitos experimentem alguma mudança, algum tipo de desenvolvimento pessoal", o que requer também "mudar o meio em que vivem" (Trilla, 2003, p. 39). Ao mesmo tempo em que se salienta na dedicação prioritária a segmentos marginalizados, a posição da educação social – parte importante da educação nãoformal – foi apontada como marginalizada na pedagogia porque publicava pouco, era pouco considerada nas ciências da educação, estava ausente das leis de educação e dos cursos para formar profissionais (Trilla, 2003, p. 44). O seu desafio, no entanto, seria

EDUCAÇÃO FORMAL E NÃO-FORMAL: PONTOS E CONTRAPONTOS

comum ao de toda pedagogia: harmonizar o conhecimento artesanal (dinâmico, prático e contextualizado) com o conhecimento acadêmico (abstrato e aspirante a maior rigor científico), ou seja, superar o hiato entre teoria e prática (Trilla, 2003, p. 45). A gestão da educação não-formal prima por não contar com estrutura que inter-relacione os meios pelos quais se realiza, nem com aparelho de controle na forma de hierarquia piramidal. Trilla (1985, p. 31) assinala também que controles, avaliações e títulos são aspectos de pouca ou nenhuma importância, exceto na universidade a distância, que requer titulações prévias e as atribui também. Ademais, supõe que haja maior capacidade de decisão do pessoal diretamente implicado nos programas, além de participação de educandos(as) na gestão.

O controle de cada meio não-formal provém diretamente da instituição ou instituições que o patrocinam. Pode existir certa supervisão por parte dos organismos educacionais governamentais, mas, ao não haver nem uma legitimação muito desenvolvida a respeito, nem uma infra-estrutura administrativa e burocrática muito extensa que se ocupe do setor não-formal, sua gestão se realiza de maneira muito independente. (Trilla, 1985:29)

Quanto ao financiamento das atividades de educação não-formal, provém de grande variedade de órgãos públicos, organizações privadas e mesmo internacionais, quando não das pessoas diretamente beneficiárias. Embora as informações sobre custos educacionais sejam sempre controvertidas, ainda quando se trate do universo escolar, tal informação é menos sistemática para a educação não-formal, e isso dá margem crer que seja mais barata

VALÉRIA AMORIM ARANTES (ORG.)

(Trilla, 1985, p. 30), especialmente porque os custos de pessoal podem ser menores com uso de trabalho voluntário ou de indivíduos não plenamente profissionalizados.

Questionando otimismos ingênuos, Trilla salienta a magnitude e a heterogeneidade da educação não-formal, que fariam qualquer generalização crítica ser tão inexata e mistificadora quanto as afirmações indiscriminadas de suas virtudes.

> Em realidade, salvo em aspectos que caracterizam diferencialmente a educação formal e a não-formal, esta última pode, em seu caso, abrigar idênticos males, que, em seu caso, podem somar-se à primeira. A educação não-formal pode ser tão classista, alienante, burocrática, ineficaz, onerosa, obsoleta, manipuladora, estereotipada, uniformizadora etc. como pode ser a formal. (Trilla, 1985, p. 143)

Essa justa advertência se volta principalmente para recomendações de uso de educação não-formal somente em países subdesenvolvidos, tendo em vista substituir a escola por esta ser mais onerosa, uma vez que, nos países desenvolvidos, o crescimento do setor não-formal não se dá para substituir a escola.

Tratando da pedagogia social como um universo coincidente com o da educação não-formal e o da informal, Trilla assinala que a antipatia pela instituição escolar fez parte de um dos seus mais destacados traços de identidade, particularmente na versão "educação de pessoas adultas".

> Uma aversão, sem dúvida, exagerada, pois não se davam conta de que, por um lado, certos tipos de escola que eles criticavam

EDUCAÇÃO FORMAL E NÃO-FORMAL: PONTOS E CONTRAPONTOS

eram tão pedagogicamente nefastos para os adultos como para as próprias crianças. (Trilla, 2003, p. 42)

A "educação especializada", por sua vez, ter-se-ia originado na máxima expressão da escola, "escolas totais: asilos, hospícios, internatos..." (Trilla, 2003, p. 42), e, quando tais modalidades foram abominadas, isso se teria estendido à escola em geral. Na "animação sociocultural", ter-se-ia oposto a atividade, a expressividade, a criatividade e a cooperação ao instrutivismo, passividade, verbalismo, fechamento e competição próprios da escola. Da parte da "educação especializada", o planejamento em termos de complementaridade entre esta e a escola teria passado a se impor quando um número significativo de escolas assumiu aquele conjunto de atributos positivos (Trilla, 2003, p. 43).

## Apenas educação: um amplo sistema educacional

A complexidade da vida social tem levado à maior aceitação de que a educação é resultado das instituições e das relações, mas, se isso tem significado reconhecer que a educação é "responsabilidade de toda a sociedade", não quer dizer que essa responsabilidade venha sendo assumida deliberada e generalizadamente, ainda que se façam afirmações como essas:

Os políticos são educadores – são principalmente educadores, dizia Platão –, e a lei é um fator educativo, as cidades possibilitam ou limitam a educação de seus cidadãos e a economia tem mais influência pedagógica que a própria escola ou as políticas sociais. As relações, a cultura, o esporte e os espetáculos são também fatores pedagógicos. E os meios de comunicação incidem em qualquer um de nossos educandos tanto ou mais que o sistema escolar. (Petrus, 2003, p. 52)

Tem razão Petrus ao dizer que a educação não é um problema a ser tratado apenas por pedagogos ou educadores, uma vez que se torna cada vez mais evidente que tratar desse problema é referir-se "à política, à saúde, ao ócio, à economia, ao trabalho, à produção, à socialização". Mas, é um engano pensar que o erro estaria em "dar uma solução exclusivamente pedagógica a um problema cuja essência é político-social" (Petrus, 2003, p. 53). Pensar assim é reafirmar o entendimento da pedagogia como campo diferente e dissociado do que é político-social, ainda que se queira a aproximação entre ambos. Também soa contraditório o mesmo Petrus não ver a educação como objeto exclusivo de pedagogos e evocar a autoridade do saber especializado destes para estabelecer o que pode ser considerado educacional.

[...] em muitas ocasiões quem afirma que o louco é perigoso é o balconista ou o vizinho, pessoas que habitualmente nada sabem da loucura. É importante, então, delimitar e definir cientificamente, não politicamente, quais são as problemáticas sociais capazes de ser tratadas educativamente. E isso é responsabilidade, principalmente dos educadores e dos pedagogos. (Petrus, 2003, p. 56)

Ele quer que a escola trate de temas que lhe são inusuais, tais como desemprego, baixa filiação a sindicatos e partidos, ausência

EDUCAÇÃO FORMAL E NÃO-FORMAL: PONTOS E CONTRAPONTOS

das populações beneficiárias na definição de políticas governamentais, muita pobreza em países ricos e seu predomínio nos outros países, decomposição de identidades comunitárias pela constituição de identidades heterônomas pelos meios de comunicação de massa.

> [...] A educação é global, é social e acontece ao longo de toda a vida. Se o objetivo da educação é capacitar para viver em sociedade e se comunicar, é preciso admitir que, em algumas ocasiões, a escola adota certa atitude de reserva frente aos conflitos e problemas sociais dos alunos. (Petrus, 2003, p. 60)

Embora seja um passo adiante frente ao modelo escolar iluminista, é ainda uma visão limitada apenas reconhecer que, na escola, também ocorrem situações violentas, conflitos de convivência e conflitos emocionais deixados à margem da exclusiva tarefa de instruir. Esse avanço é condizente com a diretriz de "aprender a viver juntos", difundida internacionalmente, que implica entender a realidade e os direitos próprios e os das outras pessoas e capacitar-se a participar em projetos comuns. Em numerosas vezes, a preocupação de fundo é reduzir a inadaptação de estudantes à escola e fazer com que obtenham desta benefícios que camadas privilegiadas são capazes de receber, afirmando que "o conflito e a violência, por exemplo, não podem ser conteúdos alheios à educação escolar. A escola tem de se abrir à sociedade e para seus problemas, não se proteger no nobre objetivo dos conteúdos instrutivos" (Petrus, 2003, p. 62). Isso, porém, ainda é pouco e mesmo inócuo se a escola não atuar em aspectos extraescolares da vida social. Seria mais que ensinar a respeito e mais que mediar conflitos manifestados no interior da escola. É inaceitável que esta tenha missão diferente daquela posta, por exemplo, à pedagogia social:

> Assim, pois, a "nova pedagogia social" não pode reduzir seu âmbito de atuação ao tratamento dos tradicionais problemas sociais. A educação social tem de refletir também acerca de sua intervenção, onde realizá-la e se perguntar por que o faz de uma maneira e não de outra. A educação social deve abrir novos espaços de reflexão e trabalho e, o que é mais importante, deve incidir nas causas dos problemas; deve prevenir as causas que os geram. (Petrus, 2003, p. 61)

Não é suficiente que se altere a dinâmica dos centros escolares para que se abram à cidade, às associações comunitárias e aos problemas sociais, exercendo a dupla função de "transferir instruções e prevenir e tratar do conflito e da violência". A insuficiência está em continuar reservando à escola a missão de "preparar para a vida" conhecendo-a apenas pelo estudo apartado da ação, mesmo recorrendo a "atividades sugestivas e motivadoras", pelo uso do esporte solidário e dos meios de comunicação. Propõe-se audácia na escolha de temas, mas, com a redundante timidez que enquadra a educação nos estritos marcos do ensino, da reflexão sobre a prática alheia e não sobre a própria e do inevitável confinamento à sala de aula.

> A aula é, em suma, um espaço adequado para falar dos conflitos sociais, da televisão, da violência, do uso de drogas, das tribos urbanas e dos comportamentos no esporte e escolar. [...] Não tratar

EDUCAÇÃO FORMAL E NÃO-FORMAL: PONTOS E CONTRAPONTOS

estes problemas, não introduzir o estudo do conflito social entre os conteúdos escolares pode ser um erro. (Petrus, 2003, p. 74)

Pensa-se, no máximo, em possibilitar que estudantes falem. Isso seguramente já seria muito, uma vez que, tradicionalmente, cabe a estudantes apenas escutar. Mas a exigência está em docentes e alunos agirem em conjunto sobre a realidade externa e interna à escola, supondo o exercício da fala e da escuta em reciprocidade. A prática escolar nessa perspectiva forneceria sentido a saberes escolares até então considerados indispensáveis ou fundamentais, independentemente do momento, finalidade ou motivos das pessoas implicadas em processos educacionais. Essa maneira de ver é persistente mesmo para quem adota uma visão ampla de educação, por exemplo:

[...] A escola deixou de ser o único lugar de preparação para a vida ativa, porque a própria vida está se transformando em uma escola de aprendizagem. Dessa realidade não podemos deduzir uma absorção da segunda pela primeira, mas uma coexistência, porque ambas se necessitam. Da primeira, são imprescindíveis os fundamentos básicos, de onde se devem integrar as novas aprendizagens; da segunda recebemos experiências, informação e o estímulo para ir pondo em dia continuamente os conhecimentos e suas aplicações nos âmbitos tradicionalmente estabelecidos. (Romans, 2003, p. 144)

Para Trilla, o conceito de educação permanente é o mais totalizante para interpretar as atuais e as possíveis características da educação não-formal.

VALÉRIA AMORIM ARANTES (ORG.)

O conceito de educação permanente é, sem dúvida, o mais amplo, genérico e totalizador. De fato, não é uma classe ou um tipo, ou um setor da educação, mas, uma construção teórica sobre o que deveria ser a própria educação. É a idéia que faz dela algo contínuo e inacabável, algo que abarca a biografia inteira da pessoa. (Trilla, 1985, p. 43)

Contudo, Trilla também menciona as ressalvas críticas de Gadotti (1979) e de Besnard e Liétard (1979) à educação permanente. O primeiro a vê como "expressão da consciência tecnocrática", como "racionalização produtivista e mecanismo de dependência sociocultural" e como "instrumento a serviço da despolitização da massa". Os demais denunciam a educação permanente como "religião nova e poção mágica".

No entanto, Trilla entende que os fatores e o marco ideológico da educação permanente são os mesmos que baseiam a eclosão do discurso sobre a educação não-formal, a qual potencializa meios e é apenas conseqüência necessária da pretensão de realizar o significado da educação permanente. Importa dizer que esse significado é útil para abrigar também a educação formal e, mais ainda, para fundamentar a necessária e proveitosa combinação entre não-formal e formal. Aliás, nessa mesma linha, cabe lembrar que o sentido da educação permanente é condizente com o da educação ao longo de toda a vida, consagrado na Declaração Mundial de Educação para Todos, em 1990 (cf. Torres, 2004, p. 97).

Um motivo saliente para conjugar o campo formal e o não-formal sob a mesma grande concepção de educação está certamente na manifestação de problemas sociais (elementos de

EDUCAÇÃO FORMAL E NÃO-FORMAL: PONTOS E CONTRAPONTOS

referência norteadora de muitas práticas não formais) no interior da escola quanto mais esta se massificou e incluiu camadas populares. O conflito e a marginalização social – comumente considerados desafios da educação não-formal – tornaram-se também escolarizados, aproximando a escola de obrigações novas: "O novo cenário exige que os professores, que antes podiam se dedicar apenas à instrução, também sejam educadores sociais" (Trilla, 2003, p. 43).

As educações formais, não-formais e informais, o escolar e o social, estão cada vez mais entremeados, o que tem muito de positivo. Por isso, já não valem certos maniqueísmos, típicos em seu momento, do ar de família da educação social. (Trilla, 2003, p. 43)

Registradas as interseções, resta examinar as possibilidades de colaboração premeditada. Trilla (1985, p. 117-121) afirma que a educação não-formal pode substituir a escolarização convencional superior, secundária e profissionalizante por meios a distância e pode, ainda, reforçar a atuação escolar convencional por meio de programas de rádio e TV, de visitas a museus, bibliotecas, instalações agrícolas ou áreas da cidade. Outra possibilidade é aliviar ou complementar a escola na educação sanitária, sexual, cívica, física, artística e outros assuntos, durante a escolarização, bem como continuar o trabalho da escola após o período em que se a freqüenta. Três outras possibilidades são também indicadas: a de ser meio de reincorporar pessoas à escolarização convencional, a de provocar a inovação nesta (com a experimentação facilitada por seus menores limites burocráticos) e a de formar pessoal docente (como campo de provas para a prática e por programas a distância). Curiosamente,

83

quando Trilla vai considerar aportes no sentido inverso, não encontra mais que os equipamentos escolares, os quais,

> como pretendem as escolas comunitárias, podem converter-se, fora dos horários e calendários letivos, em recursos para atividades socioculturais e educativas da localidade onde estão encravadas. (Trilla, 1985, p. 121)

Só se pode entender essa discrepância porque a contribuição mútua e simétrica entre educação não-formal e formal (dada a patente inadequação desta última) só poderá ocorrer com a superação da distinção entre uma e outra, de sorte que se conceba uma educação por inteiro, sem hierarquia de modalidades. Na educação não-formal, a inexistência de vínculos orgânicos entre seus múltiplos e variados meios, instituições e programas proporcionaria menos esclerose burocrática, maior capacidade de adaptação a necessidades e abertura a iniciativas setoriais (Trilla, 1985, p. 121). Se suas vantagens são o oposto das desvantagens da educação formal, trata-se não só de manter aquelas vantagens na educação não-formal como de enfrentar as desvantagens da educação formal. Isso é possível? Tem sido cada vez mais, por exemplo, nas organizações que constituem o ambiente do mercado econômico, que experimentam processos de desburocratização, o que implica também aspectos de democratização: a dissolução do formato piramidal altamente segmentado e hierarquizado do exercício de poder, a eficiência centrada na iniciativa dos segmentos e não no cumprimento contínuo de regras da organização.

As diferenças entre o sistema escolar convencional e a educação não-formal significam que ambos estão contrapostos e, quando muito, reforçam-se ou se complementam. Mas, as relações existentes entre escola e educação não-formal são necessárias? Poderiam ser outras (de atuação integrada e intensa) se houvesse certo tipo de planejamento. Já na década de 1960, gestores da área educacional passaram a se inclinar fortemente para o conceito de planejamento. A busca de aproveitamento racional e sistemático de recursos para atingir fins teria implicado, segundo Trilla (1985, p. 122), o reconhecimento do amplo e heterogêneo setor não-formal, para o qual se apontaram três níveis: a) integração do setor não-formal no planejamento geral dos sistemas educacionais; b) planejamento do setor não-formal; c) planejamento de programas específicos de educação não-formal.

A propósito do planejamento geral dos sistemas educacionais, Trilla nomeia Coombs (1976; 1976a), Paulston (1976), Callaway (1978) e Phillips (1978) entre os muitos autores que ressaltaram reiteradamente a necessidade de que tal planejamento seja amplo, integrador e abrangente. Mas a cisão entre o formal e o não-formal é atribuída ao descuido, por parte da organização formal, em relação a novas necessidades decorrentes de mudanças tecnológicas, econômicas, culturais e sociais. Tal descuido, por sua vez, é imputado ao seu funcionamento inercial e à sua pouca sensibilidade (Trilla, 1985, p. 123). Talvez seja isso e talvez se explique em parte pela pouca sensibilidade da opinião pública (nesta incluída a do magistério) e, quando não é esse o caso, em parte pela baixa capacidade de interação democrática entre sociedade civil e Estado.

Esse aspecto diz respeito ao fato de o planejamento educacional amplo e integrador ser necessário não só para fazer frente à "sobrecarga" da escola com demandas diversificadas, pela limitação dos recursos financeiros ou pela degradação da escola devido à massificação. Essa amplitude e integração são, sobretudo, necessárias para uma educação criadora e para uma educação como convivência democrática: existência de um espaço público vigoroso, colaboração entre Estado e sociedade civil, não exclusivamente a atuação do Estado sobre a sociedade civil, nem estritamente para esta.

> É claro que esse planejamento compreensivo, não obstante, não deve estrangular ou coartar o dinamismo do setor não-formal mediante constrangimentos administrativos e dirigistas. (Trilla, 1985, p.124)

Para o planejamento tendo em vista apenas o setor não-formal, Trilla cita cinco tarefas expostas por Callaway (1976, p. 43): a) distinção e classificação dos programas em andamento (para inter-relacioná-los e divulgá-los); b) formulação de prioridades para financiar os programas (considerando tanto a carência de serviços não-formais quanto as lacunas de sistemas formais); c) avaliação dos programas (que não podem sempre usar fórmulas acadêmicas, devido às suas dimensões de praticidade e aplicação imediata); d) administração e coordenação (evitando duplicidade de esforços e favorecendo a colaboração institucional entre órgãos públicos e entre estes e entidades privadas); e) fontes de financiamento (também a ser alcançadas pela coordenação).

Para o planejamento de programas específicos de educação não-formal, Trilla indica a contribuição de vários autores, entre os quais menciona La Belle, que estabelece cinco profícuos princípios: a) compreender as necessidades das populações às quais estão dirigidos os programas; b) fazê-las participar de sua aprendizagem; c) facilitar a transferência e aplicação das novas condutas ao meio; d) vincular o programa e seus componentes ao sistema global; e) dar importância aos incentivos internos e externos (La Belle, 1980, p. 256).

Pode-se ver que essas orientações não poderão deixar de cobrir inclusive e fundamentalmente os(as) educadores(as), bastando-se às populações às quais se dirigem programas específicos de educação não-formal, tampouco se cingindo somente a estes, devendo informar também o planejamento da educação formal e o planejamento geral de sistemas educacionais. Se o sistema escolar convencional e a educação não-formal se contrapõem ou no máximo chegam a reforçar-se ou se complementar, sua combinação em um sistema que ultrapasse a educação escolar e o integre proveitosamente com as demais práticas educacionais requer alterar os dois campos na medida mesma em que se busque que cooperem energicamente. Vale dizer que esse caminho só poderá ser percorrido pela luta por política educacional de grande amplitude, na qual se elabore a própria política educacional, instalando-se relações democráticas dentro e fora do Estado, e entre este a sociedade civil.

## Referências bibliográficas

BESNARD, P.; LIÉTARD, B. *La educación permanente*. Barcelona: Oikos-Tau, 1979. p. 48.

BLOOM, B. S. *Taxonomy of educational objectives*. 2 v. Nova York: D. McKay, 1956.

BREMBECK, C. S.; THOMPSON, T. J. (Eds.) *Nuevas estrategias para el desarrollo educativo*: investigación intercultural de alternativas no formales. Buenos Aires: Guadalupe, 1976. p. 31-45.

CALAWAY, A. Fronteras de la educación extraescolar. In: BREMBECK, C. S., THOMPSON, T. J. (Eds.) *Nuevas estrategias para el desarrollo educativo:* investigación intercultural de alternativas no formales. Buenos Aires: Guadalupe, 1976. p. 31-45 e p. 55.

_____. El planeamiento de la educación y el desempleo de los jóvenes. In: POIGNANT, R. *et al. Planeamiento educacional, económico y social.* Buenos Aires: Guadalupe, 1978. p. 256-257.

COOMBS, P. H. Como planificar la educación no formal. In: BREMBECK, C. S., THOMPSON, T. J. (Eds.) *Nuevas estrategias para el desarrollo educativo:* investigación intercultural de alternativas no formales. Buenos Aires: Guadalupe, 1976a. p. 201.

_____. ¿Qué es el planeamiento educacional? In: COOMBS, P. H., RUSCOE, C. G. *El planeamiento educacional.* Buenos Aires: Paidós, 1976. p. 46-47.

COOMBS, P. H. GADOTTI, M. *L'éducation contre l'éducation:* l'oubli de l'éducation au travers de l'éducation permanente. Lausanne: L'Âge d'Homme, 1979. p. 47.

GHANEM, E. *Educação escolar e democracia no Brasil.* Belo Horizonte: Autêntica; São Paulo: Ação Educativa, 2004. 219 p.

LA BELLE, T. J. (ed.) *Educación no formal y cambio social en América Latina.* México: Nueva Imagen, 1980. p. 256.

PAULSTON, R. G. Alternativas educativas no formales. In: BREMBECK, C. S.; THOMPSON, T. J. (Eds.) *Nuevas estrategias para el desarrollo educativo:* investigación intercultural de alternativas no formales. Buenos Aires: Guadalupe, 1976. p. 105.

PETRUS, A. Novos âmbitos em educação social. In: ROMANS, M.; PETRUS, A.; TRILLA, J. *Profissão*: educador social. Porto Alegre: Artmed, 2003. p. 49-111.

PHILLIPS, H. M. Planeamiento de la asistencia educacional para la segunda década del desarrollo. In: POIGNANT, R. *et al. Planeamiento educacional, económico y social*. Buenos Aires: Guadalupe, 1978. p. 134-135 e p. 195.

ROMANS, M. Formação continuada dos profissionais em educação social. In: ROMANS, M.; PETRUS, A.; TRILLA, J. *Profissão: educador social*. Porto Alegre: Artmed, 2003. p. 115-206.

TEITELBAUN, K.; APPLE, M. John Dewey. *Currículo sem fronteiras*, v. 1, nº 2, jul-dez 2001, p. 1-8. Disponível em http://www. curriculosemfronteiras.org/classicos/teiapple.pdf. Último acesso em jul. 2008.

TORRES, R. M. Incidir en la educación. *Polis*, v. 5, nº 16, Santiago de Chile, 2007. Disponível em http://www.revistapolis.cl/16/ torr.htm. Último acesso em jul. 2008.

_____. *Lifelong learning in the south*: critical issues and opportunities for adult education. Estocolmo: Sida-Swedish International Cooperation Agency, 2004. 163 p. (New Education Division Documents, 14) Disponível em http://www.sida.org/sida/jsp/ sida.jsp?d=118&a=2794. Último acesso em jul. 2008.

TRILLA, J. *La educación fuera de la escuela: enseñanza a distancia, por correspondencia, por ordenador, radio, video y otros medios no formales*. Barcelona: Planeta, 1985. 179 p.

_____. O universo da educação social. In: ROMANS, M.; PETRUS, A.; TRILLA, J. *Profissão: educador social*. Porto Alegre: Artmed, 2003. p. 11-47.

# PARTE II
# Pontuando e contrapondo

*Jaume Trilla*
*Elie Ghanem*

**Trilla:** O professor Ghanem, referindo-se concretamente à realidade brasileira, questiona que o chamado "sistema escolar" funcione realmente como um "sistema". Justifica e exemplifica sua afirmação mostrando, entre outros fatores, a descoordenação existente entre as instituições e o fato de que freqüentemente elas são apenas conglomerados de serviços. Citando Torres (2007, p. 5-6), refere-se também aos elementos que um sistema educativo propriamente dito deveria abranger

> não só o sistema escolar, mas o campo educacional em seu conjunto; não só o que se costuma considerar política educacional, mas todas as políticas econômicas e sociais relacionadas com condições de ensino e de aprendizagem; não só as políticas, mas o fazer educacional (cenários, atores, mentalidades, relações, práticas que configuram e sustentam cotidianamente a educação em nível local e nacional, dentro e fora do sistema escolar); não só as políticas, mas a política, matriz na qual se moldam todas as políticas e o modo de desenhá-las e geri-las; não só organizações da sociedade civil, mas a comunidade educacional e cidadãos(ãs) em geral, especialmente pais de família, estudantes e comunidades territoriais; não só os governos (nacionais e locais), mas também

VALÉRIA AMORIM ARANTES (ORG.)

o setor privado, a Igreja e os organismos internacionais, atores fundamentais por trás das políticas e da política em nível nacional e internacional.

Visto que é difícil pensar que um sistema educativo dessa natureza e complexidade se configure de modo natural ou espontâneo, qual ou quais seriam as instâncias principais que deveriam liderar um processo orientado para tal fim?

**Elie Ghanem:** Para responder a essa pergunta, parece conveniente considerar, em largos traços, como se constituiu o atual sistema educativo reduzido a sistema escolar e, com base nessa caracterização, levantar hipóteses a respeito das possibilidades de constituição de um sistema educativo amplo, quer dizer, que inclua o sistema escolar, mas não se reduza a este. O que atualmente é denominado sistema educativo não só no Brasil, tal como em geral é conhecido, implantou-se no Ocidente como parte distintiva do projeto político da Revolução Francesa. É importante destacar isso para que se compreendam as características desse modelo que são próprias do projeto original e o que deste se pode considerar anacrônico.

Três aspectos ocupavam posição fundamental no século XVIII, diante dos quais a proposta de constituição de um sistema escolar universal, público e gratuito assumiu centralidade. Os revolucionários franceses lutavam contra uma ordem social fortemente hierarquizada, cujos níveis de hierarquização estavam cristalizados e significavam privilégios para ocupantes dos níveis superiores. O aparato de normas legais servia de obstáculo à mobilidade social ascendente, inclusive para quem contasse com elevado nível de renda. Outro aspecto fundamental é que a luta contra a ordem social significava

94

EDUCAÇÃO FORMAL E NÃO-FORMAL: PONTOS E CONTRAPONTOS

também o combate a um poder absolutista que protegia politicamente aquela mesma ordem hierarquizada. O terceiro aspecto saliente era o poder espiritual da Igreja Católica, pelo qual a ordem social e o regime político se legitimavam, além de fornecer critério de verdade (de caráter religioso) quanto ao conhecimento.

O empenho iluminista de constituição de um sistema nacional de instrução esteve no centro do projeto político revolucionário porque realizaria a igualdade social obrigando todas as pessoas, independentemente do grupo social de origem e do nível de renda, a escolarizar-se. Consolidaria um novo sistema político com um Estado republicano, baseado na transitoriedade dos grupos no exercício do poder de Estado, autorizados a governar mediante maioria de votos. O sistema de instrução pública difundiria o conhecimento, quer dizer, um saber com outra fonte de legitimidade, não mais fundado na autoridade eclesiástica, mas no que se entendia ser a ciência. Na França, essas medidas foram tomadas com o confisco dos bens da Igreja, inclusive escolas, assim como foram acompanhadas de duradoura resistência da Igreja Católica, que se prolongou pelos séculos XIX e XX.

O sistema escolar foi proposto como meio para cada indivíduo se utilizar da razão, entendida como uso do conhecimento fundado na ciência, âmbito que circunscreve linguagens próprias, todas dependentes da língua escrita e do cálculo elementar. Não é por outro motivo que toda escolarização se inicia com a alfabetização: ler, escrever e contar. Decidir com base na razão era a síntese da obra de libertação que transformaria servos em cidadãos.

Uma obra tão vasta e abrangente requereu não apenas o fornecimento generalizado de serviços escolares pelo Estado, mas também determinou uma configuração peculiar a tais serviços. A escola con-

VALÉRIA AMORIM ARANTES (ORG.)

trolada pelo Estado (fosse pública ou particular) seria universal não somente por atingir todos os indivíduos, mas também por tornar-se símbolo e meio efetivo do triunfo da razão, supremacia do universal frente aos particularismos culturais e comunitários. Por isso, cada estabelecimento escolar cumpriria seu fim na medida mesma do seu isolamento ante o seu ambiente particular imediato.

Hoje, um grande número de vozes denuncia esse isolamento como insensibilidade perante as condições desiguais das famílias, condições que contam negativamente para a continuidade dos estudos e para o chamado rendimento escolar.

As funções políticas do sistema escolar quanto à unificação nacional, grandemente tributária também da integração cultural, foram aproveitadas em processos históricos com lógicas muito distintas, marcadamente nas lutas de independência anticoloniais da América Latina e do Caribe. Primeiro, pela proposição de sistemas de instrução escolar que alcançassem todo o povo, depois, pela construção de Estados nacionais que estivessem suficientemente aparelhados para fornecer escolas que alcançassem todo o povo. No Brasil, essa segunda etapa nunca conseguiu concluir-se completamente, bastando lembrar que o Brasil é um dos nove países com maior contingente de pessoas jovens e adultas analfabetas.

Nos países dessa região, a tônica iluminista característica da escolarização e os empreendimentos modernizadores a esta associados foram também social e culturalmente devastadores para os numerosos povos indígenas autóctones, assim como para os variados grupos africanos transladados compulsoriamente para compor a força de trabalho escrava.

Mas, se as lutas de independência conduzidas pelas elites das colônias foram vitoriosas, a motivação política era pela constituição de um Estado próprio contra o controle exercido pela metrópole estrangeira. Não foi necessária mobilização popular – esta foi mesmo sufocada onde surgiu – nem mudança de padrão cultural das massas para erigir um novo sistema político. Não se contava também com a motivação religiosa da Reforma protestante européia, nem com os agentes da Contra-Reforma católica, os jesuítas (no Brasil), que, sendo os primeiros responsáveis pela escolarização sistemática das populações locais, foram detidos pela coroa portuguesa durante cem anos.

No Brasil, o impulso decisivo para a constituição de um sistema escolar será encontrado no crescimento e aparelhamento do Estado nacional por Getúlio Vargas, somente nos anos 1930, fortalecido, na década seguinte, pela industrialização possibilitada pela substituição de importações, propiciada pela Segunda Guerra Mundial, simultânea aos grandes deslocamentos migratórios e à urbanização. Esse foi o momento em que a escolarização e o sistema escolar, desprendidos do projeto político originário, passaram a acoplar-se a uma estrutura ocupacional emergente, própria de uma economia compatível com funções profissionais que requerem saberes escolares, nos órgãos públicos, no comércio, nas fábricas e em estabelecimentos bancários. Foi quando se instituiu e passou a se consolidar um modelo de mobilidade social ascendente baseado na escolarização.

O sistema escolar se expandiu como nunca e sem cessar, combinando três aspectos que explicam o seu forte isolamento. Um desses aspectos é sua matriz iluminista, a respeito da qual já foi dito o suficiente. Outro aspecto é o seu caráter de serviço regular e ramificado do Estado, portanto seu caráter burocrático, cuja lógica autoritária de exercício de poder foi fortalecida em

VALÉRIA AMORIM ARANTES (ORG.)

vários aspectos nos períodos de fechamento do sistema político (governo revolucionário de Vargas de 1930-1934, ditadura varguista do Estado Novo de 1937-1945 e ditadura militar de 1964-1985). Finalmente, o isolamento típico do sistema escolar se deve à perda dos fundamentos políticos originários da escolarização e sua substituição por fundamentos econômicos. Estes vêm se decompondo acentuadamente há quase trinta anos, pois as crises econômicas e as políticas dependentes do capital financeiro, que impõem índices medíocres de crescimento, forçaram a saturação do mercado de trabalho com mão-de-obra crescentemente escolarizada e desempregada.

Portanto, a idéia e a realização do sistema educativo como reduzido a sistema escolar, quer dizer, como isolado e alheio aos múltiplos agentes e práticas educacionais, apóia-se numa concepção cultural de escola, em um modelo burocrático de organização, na dissociação entre escolarização e um propósito político e numa economia incapaz de assimilar força de trabalho escolarizada. Pretender um sistema educativo amplo possivelmente requer que se faça a contraposição aos elementos de sustentação do sistema educativo em sentido estrito. Demanda-se, assim, uma concepção de escola que não presuma aquilo de que indivíduos e grupos necessitam, que se configure como organização para identificação coletiva de necessidades e de saberes pertinentes para responder a tais necessidades. Com isso, coloca-se a tarefa de uma organização dedicada à aprendizagem significativa para as pessoas que aprendem, não, como tradicionalmente, à implementação sistemática do ensino. Vale dizer que isso impõe redefinir os aspectos burocráticos do sistema escolar, submetendo-os às exigências das atividades educacionais e não o inverso, como

98

agora predomina. Entre outras coisas, cabe conferir prioridade a relações sociais personalizadas.

Contemplando esse tipo de relações, seria necessário compor esse aspecto com um sentido expressamente político à escolarização. Se essa orientação política for democrática, fará coincidir a escolarização com o exercício de poder no espaço público, participação das pessoas e grupos implicados na escola em decisões públicas. Restaria, ainda, combinar a escolarização à integração na economia, estreitando os laços com a geração de empregos e de renda.

Uma orientação nesses moldes pode ser entendida como um processo de constituição de um sistema educativo amplo, que integra agentes educacionais escolares e não escolares, fornecendo as bases para formas de coordenação recíproca e simétrica de ditos agentes. A magnitude de tal pretensão demanda o empenho dos mais variados grupos e organizações, tanto situados no Estado quanto na sociedade civil. Certamente o poder de Estado envolve prerrogativas que possibilitam recursos e mecanismos vantajosos para liderar o processo. Contudo, especialmente devido à tradição autoritária de nossa vida política, pronunciadamente na definição de políticas educacionais, esse poder tem feito com que os esforços nessa direção tenham se destacado e muitas vezes se limitado ao campo da sociedade civil, no qual sobressaem associações de caráter comunitário e organizações não governamentais dedicadas ao direito à educação. Seria desejável que a categoria profissional do magistério e suas representações sindicais exercessem também papel de liderança, porém demonstram não compreender nem mesmo as possíveis vantagens trabalhistas que podem decorrer da construção dessas alianças em torno da efetiva co-responsabilidade pela educação que um sistema educativo amplo supõe.

VALÉRIA AMORIM ARANTES (ORG.)

**Trilla:** Em certo ponto de seu trabalho e comentando algumas frases de Petrus (2003), o professor Ghanem aborda a relação entre educação e política. Trata-se, sem dúvida, de uma relação muito complexa sobre a qual já se refletiu e escreveu muitíssimo (Freire, sem ir muito longe, é uma referência obrigatória). Por isso, no contexto deste trabalho, dificilmente será possível dedicar a extensão suficiente a tal tema. Entretanto, ainda assim, gostaria de questionar o professor Ghanem sobre ele. Em seu texto – em referência a Petrus –, afirma: "Pensar assim é reafirmar o entendimento da pedagogia como campo diferente e dissociado do que é político-social, ainda que se queira a aproximação entre ambos". Parece muito claro que o pedagógico não é um campo "dissociado" do político-social; porém, considerar a possibilidade de que não sejam campos "diferentes" é outra discussão. Do meu ponto de vista, o fato de que toda ação educacional tenha necessária ou inevitavelmente uma dimensão política (e vice-versa) não implica uma *identificação* direta entre o pedagógico e o político; entre outras razões, porque, se o político e o pedagógico fossem exatamente a mesma coisa, a língua (portuguesa, espanhola ou qualquer outra) poderia dispensar com tranqüilidade uma das duas palavras.

Concretamente, gostaria de pedir ao professor Ghanem que se estenda um pouco mais sobre as relações (e as diferenças, se houver) entre o político e o pedagógico.

**Elie Ghanem:** As palavras em geral propiciam sentidos variados e até opostos entre si. Servem para nos comunicarmos e nos entendermos tanto quanto para nos desentendermos. Por isso, sempre está colocada a exigência de procurar desfazer confu-

Educação formal e não-formal: pontos e contrapontos

sões, e talvez o mais provável seja nunca conseguirmos sucesso completo nesse intento. Dizer que a pedagogia não deve ser entendida como um campo diferente "do que é político-social" foi expressar uma idéia que gerou mais confusão que compreensão. A educação pode ser vista como uma dimensão diferente da política. Quanto à pedagogia, este é um campo diferente da política apenas porque é somente uma parte e não todo o campo da política. Entender as coisas dessa forma requer fazer algumas considerações e ressalvas.

A intenção de associar o campo da pedagogia a um campo político-social é compreensível e até desejável diante do caráter isolado que a organização escolar assume em todo lugar que se encontre. Os chamados problemas sociais são vividos pelas pessoas fora e dentro da escola, e alguns se manifestam de maneira peculiar nas relações sociais específicas da atividade educacional escolar. Considerando que essa atividade obedece a uma seleção de temas e que os critérios para essa seleção são majoritariamente extraídos das áreas disciplinares estabelecidas, os problemas sociais somente são abordados acidentalmente, tornando aleatório e improvável que a educação produza efeitos mais rápidos e importantes naqueles problemas. Porém, entender o campo da pedagogia como diferente de um campo político-social está exatamente na raiz da dissociação entre tais problemas e a atividade educacional.

Se conceituamos a educação como a prática que gera aprendizagem, toda a configuração da vida humana, que só pode ocorrer como convívio, é simultaneamente educação. Assim como, ao conceituarmos o poder como a capacidade ou a possibilidade de produzir efeitos, a vida humana é simultaneamente poder (potencial ou atuante). A vida humana é social e, por isso, é, entre muitas outras coisas, simultaneamente educação e poder. Nesse sentido mais estritamente social, pode-se ir da capacidade de agir à capacidade de determinar as condutas de outras pessoas, de modo que os seres humanos não são apenas sujeito, são também objeto do poder. Trata-se tanto da capacidade de uma pessoa adulta dar ordens a crianças quanto de um governo dar ordens a cidadãos e cidadãs.

O poder é uma relação que só existe se houver um indivíduo ou grupo que o exerce e um indivíduo ou grupo que é induzido a se conduzir segundo o que o primeiro pretende.

É certo que o fenômeno social do poder – assim como o fenômeno social da educação – ocorre sempre em esferas de atividade determinadas e uma mesma pessoa ou grupo pode ser submetido a diferentes tipos de poder (o poder médico na saúde, o poder docente na aprendizagem, o poder do empregador na economia e na profissão, ou o poder militar na guerra). Há também uma esfera identificável como sendo a política. Nesta, assim como em outras esferas, há poder estabilizado, quer dizer, há uma alta probabilidade de que alguém realize com continuidade condutas pretendidas por outrem tanto quanto outrem execute ações contínuas a fim de exercer poder sobre alguém. É o que acontece no caso do poder paterno, assim como no do poder governamental. Como este último se articula numa pluralidade de funções claramente definidas e estavelmente coordenadas entre si, trata-se de um poder institucionalizado.

Foi na política que o poder adquiriu maior interesse. Mas o exercício de poder nem sempre é o exercício de poder político, embora o fenômeno do poder – assim como o da educação – seja um dos mais difundidos na vida social, não existindo praticamente relação social na qual não esteja presente.

# EDUCAÇÃO FORMAL E NÃO-FORMAL: PONTOS E CONTRAPONTOS

No entanto, o fato de haver esferas de atividade determinadas não significa que características ali presentes sejam exclusivamente atinentes a cada esfera. Há um componente de saúde possivelmente em todas as outras esferas de atividade diferentes daquela reconhecida como a da saúde. Há um aspecto de aprendizagem possivelmente em todas as outras esferas de atividade diferentes daquela reconhecida como a da aprendizagem. Há um caráter de economia possivelmente em todas as outras esferas de atividade diferentes da que é reconhecida como a da economia. E há um aspecto de guerra possivelmente em todas as outras esferas de atividade diferentes daquela reconhecida como a da guerra, incluída a da saúde, a da aprendizagem e a da economia. Da mesma maneira, há uma característica de política possivelmente em todas as outras esferas de atividade diferentes daquela reconhecida como a da política.

Política é, entre outras coisas, o mesmo que aprendizado, embora nem todo aprendizado seja política. Como, analogamente, ensino é, entre outras coisas, o mesmo que educação, embora nem toda educação seja ensino. Educação e política podem ser distinguidas entre si porque são esferas de atividade distintas, mas também porque, ao se procurar percebê-las apenas como esferas de atividade, principalmente em seus traços institucionalizados, se rebaixam ou se anulam as conexões existentes entre ambas.

Reconheça-se que a sociedade é um sistema composto basicamente por uma hierarquia de três sistemas relativamente autônomos: um sistema de ação histórica, que abarca as orientações sociais e culturais mais gerais; um sistema político (incluindo o Estado, mas, não se reduzindo a este), que traduz as orientações do primeiro em diretrizes gerais; um sistema organizacional, no qual se processa a vida cotidiana e que varia em torno das dire-

VALÉRIA AMORIM ARANTES (ORG.)

trizes emanadas do sistema político. Toda sociedade é ao mesmo tempo ordem e movimento, produção e funcionamento. As relações sociais podem voltar-se mais para o sistema organizacional, situando-se mais no aspecto da ordem. Podem voltar-se mais para o sistema político, tensionando os aspectos de ordem e de movimento. Podem finalmente voltar-se mais para o sistema de ação histórica, colocando disputas quanto às grandes orientações, ou seja, situando-se mais no aspecto do movimento. A educação, como dimensão das relações sociais, acompanhará a dinâmica e os sentidos destas relações.

Convém, agora, lançar mão de uma das conceituações clássicas que delimita a educação, a ciência da educação e a pedagogia, destinando a cada uma um significado diferente. Nesse enfoque, a educação é um fenômeno social, envolve tradições, hábitos, regras explícitas e implícitas, quadro de instituições com instrumental próprio, sob influência de idéias e sentimentos coletivos, num lugar e numa época. A educação é uma atividade efetiva de quem educa e de quem se educa.

Por ciência da educação, abarcam-se principalmente a psicologia e a sociologia. Entre outras contribuições, a psicologia aporta saberes quanto às razões pelas quais um ser psíquico necessita de educação, como se formam e evoluem os sentidos, a memória, as capacidades de associação, de atenção, imaginação, o pensamento abstrato, a linguagem, os sentimentos, o caráter, a vontade etc. A sociologia dedica-se destacadamente a conhecer a natureza da civilização que gera a aprendizagem que lhe corresponde e a aparelhagem que emprega para isso, tais como os graus de ensino, os processos intuitivos e experimentais ou livrescos, a educação física, moral e intelectual que uma sociedade proporciona. A ciência da educação, nesta acepção, descreve, analisa e explica o fenômeno quanto à produção, à natureza e à função dos seus elementos. Para a ciência da educação, esta é objeto do conhecimento. O termo "pedagogia" fica, assim, reservado à teoria que visa a dirigir a atividade de quem educa. Seria a reação sistemática da ciência da educação sobre a atividade educacional, extraindo da psicologia e da sociologia princípios para a prática ou a reforma da educação. Nesse caso, a educação é objeto da proposta de atividade. Nesse sentido, a pedagogia ou o pedagógico é um meio posto para realizar, para não opor obstáculos ou para impedir a realização de um ou mais projetos políticos. Estes implicam tipos de relações de dominação e de exercício de poder e, pois, pedagogias, ou seja, teorias prescritivas a respeito de práticas educacionais. A educação pode ser observada como dimensão diferente da política, mas "o pedagógico" necessariamente será parte desta e, nesse sentido, será também política, ainda que não a esgote completamente e que não tenha consciência disso, ou seja, que procure manter-se mais ou menos distante do sistema político ou da política.

Que os variados idiomas empreguem vocábulos diferentes para designar pedagogia e política, isso se explica pelo fato de que esta abarca totalmente a primeira, mas a primeira não abrange totalmente a segunda. A educação não é necessariamente produto "do pedagógico", embora este sempre procure determiná-la. Ao prescrever balizas para a realização de atividades educacionais, também as prescreve para relações sociais, portanto, para modos de exercício de poder. Especialmente por esse motivo, a pedagogia se realiza como parte da política. Minimamente, se tais atividades educacionais consistirem mais em exercício de poder por quem se educa, são maiores as probabilidades de que, como participante da dimensão política, essa pessoa aprendiz exerça mais poder. Logo se vê que historicamente vieram predominando pedagogias que, apontando para o sistema político ou não, orientadas para "formar o cidadão" ou não, configuram atividades educacionais constituídas mais pelo exercício de poder sobre quem se educa.

**Trilla:** Esta pergunta está relacionada com a anterior, mas, neste caso, focando a educação não-formal e o contexto brasileiro. Devido à heterogeneidade quase consubstancial do setor educacional não-formal, tanto no Brasil como em qualquer lugar, certamente é possível encontrar representadas nele todas as ideologias (políticas, sociais ou religiosas) presentes na sociedade do país. Porém, dentro dessa diversidade, existem no setor não-formal brasileiro vieses, preferências ou dominâncias ideológicas diferentes das que existem no sistema formal?

**Elie Ghanem:** Assim como a educação formal, a educação não-formal se implementa, no Brasil, tanto por meio de órgãos do Estado quanto por meio de organizações da sociedade civil. Essas organizações, com fins de lucro ou não, fazem educação formal quando suas práticas educacionais são certificadas pelo Estado, o que supõe o cumprimento de critérios estabelecidos em normas legais, que conferem prerrogativas às pessoas que se utilizam desses serviços, geralmente prerrogativas como estudantes e como diplomadas. Como estudantes, ficam autorizadas a transferir-se para outros estabelecimentos e dar continuidade a estudos organizados em séries hierarquizadas. Recebem, assim, autorização para estudar em certo nível dessa hierarquia, o que não seria permitido sem

EDUCAÇÃO FORMAL E NÃO-FORMAL: PONTOS E CONTRAPONTOS

tal chancela oficial. Como diplomadas, suas prerrogativas dizem respeito principalmente ao exercício profissional, pois os certificados são considerados nos momentos de seleção para empregos e são exigidos como condição obrigatória para a prática de muitas profissões. Essas exigências não estão vinculadas às atividades de educação não-formal.

Tanto a educação formal quanto a educação não-formal compõem campos de atividade vastos e mal conhecidos, sob muitos aspectos, no Brasil. No chamado setor de educação formal, diferentes grupos se opõem mais consistentemente no que se refere ao financiamento e muito pouco intensamente quanto às orientações da atividade educacional. O ponto do financiamento expressa principalmente a disputa por recursos públicos. Os donos de empresas escolares com fins de lucro, pertencentes a grupos religiosos ou laicos, tanto pretendem isenção de impostos quanto acesso a fundos públicos como subsídio a seus empreendimentos particulares. Essa reivindicação contradiz os esforços de outros grupos dedicados a fortalecer o Estado na oferta de serviços escolares, cujas prestações nesse setor sempre foram deficitárias, seja em termos da criação e manutenção de estabelecimentos públicos, seja em termos dos padrões de remuneração do magistério, seja em termos de investimento em pesquisa científica e tecnológica. Os *lobbies* nas casas legislativas e os discursos circulantes nos meios de comunicação de massa exprimem a afirmação ou negação de concepções neoliberais, que propugnam a desregulamentação das atividades econômicas e a redução dos serviços e bens distribuídos diretamente pelo Estado, portanto, a sua redução, desaparelhamento e, nesse aspecto, seu enfraquecimento. Tais proposições atacam ou ameaçam o respeito a direitos universais que dependem

107

VALÉRIA AMORIM ARANTES (ORG.)

essencialmente da atuação do Estado para uma distribuição equânime da riqueza, base da promoção da igualdade social e um dos fundamentos da democracia.

Sobre as orientações da atividade educacional formal, já foi mais forte a insistência dos grupos religiosos, marcadamente da Igreja Católica, em buscar a obrigatoriedade legal do ensino religioso nas escolas públicas e a remuneração pelo Estado aos próprios agentes das igrejas para esse fim. Sobretudo nos momentos de debates para a elaboração da Constituição (a de 1946 e a de 1988) e das leis ordinárias que detalham e regulamentam seus preceitos. De modo geral, há uma insatisfação quanto aos índices de rendimento escolar medido por testes, seja em educação básica, seja em educação superior, com uma grande acomodação a respeito do modelo de educação escolar, em suas repartições disciplinares, em seu formato de ensino e em seu conceito de avaliação.

O campo da educação não-formal brasileira se coloca frente ao da educação formal principalmente na forma da coexistência sem interação. Suas múltiplas e variadas manifestações e esforços muitas vezes suprem aspectos não abarcados pela escolarização formal. No entanto, embora francamente minoritário, um grupo importante de organizações não governamentais, nas últimas duas décadas, veio ganhando espaço e consistência na luta pelo direito à educação. Ainda que muitas organizações da sociedade civil sem fins lucrativos se alinhem com aquelas com finalidades de lucro na disputa por fundos públicos em termos da mera substituição dos serviços educacionais estatais por outros prestados diretamente por particulares com financiamento público, as organizações que promovem o direito à educação, nomeadamente as cerca de duzentas organizações unidas na Campanha Nacional pelo Direito à Educação, empenham-se em ampliar as provisões orçamentárias oficiais para os estabelecimentos escolares públicos. E vieram obtendo um sucesso não desprezível. Primeiro, alimentando os meios de comunicação de massa com o alerta para as mudanças legislativas promovidas pelo Poder Executivo para reduzir suas obrigações referentes ao financiamento da escola pública básica. Depois, com denúncias do descumprimento do Poder Executivo quanto à própria legislação que logrou aprovar. Finalmente, contribuindo para a aprovação de um fundo mais abrangente para a educação básica (Fundeb), que, para além do anterior (Fundef), que só se referia ao ensino fundamental, beneficia também o nível da educação infantil (pessoas de até 6 anos de idade) e o do ensino médio. Mais recentemente, a Campanha Nacional pelo Direito à Educação conseguiu a aprovação de uma lei no Congresso Nacional que fixa o piso salarial profissional de R$ 850,00 (cerca de US$ 518,00) mensais para docentes com jornada semanal de 40 horas. Há municípios em que esse valor chega a ser inferior ao salário mínimo (R$ 415,00 em março de 2008).

Também muito minoritário é o grupo de organizações da sociedade civil (algumas engajadas na Campanha Nacional pelo Direito à Educação) que realiza práticas educacionais com caráter experimental, propondo adequações temáticas e de procedimentos às características peculiares dos contingentes com os quais atuam, de suas aspirações e de seus ambientes imediatos. Aquele grupo almeja freqüentemente que os enfoques e resultados de seus experimentos sejam aproveitados na educação formal e na escola pública, porém esse intento enfrenta as barreiras da rara existência de arenas de debate e da marcada incipiência do diálogo entre Estado e sociedade civil.

VALÉRIA AMORIM ARANTES (ORG.)

**Trilla:** Um dos livros do professor Ghanem, cujo sugestivo título é *Educação escolar e democracia no Brasil*, inspira-me uma pergunta sobre a educação não-formal: como o setor não-formal pode contribuir para a democratização do sistema educacional brasileiro? Estou ciente da amplitude e abstração da pergunta e, logicamente, não pretendo que sua resposta seja algo assim como um novo livro, *Educação não-formal e democracia no Brasil*. Simplesmente, sugiro que mencione algumas das principais condições que, do seu ponto de vista, deveriam ser preenchidas para que a educação não-formal efetivamente pudesse ser, no Brasil, um fator de democratização.

**Elie Ghanem:** A resposta à pergunta anterior já lança algumas bases para responder a esta última. A educação reconhecida como direito humano, na Declaração de 1948, foi expressa em termos de instrução, de graus elementares e fundamentais (caráter obrigatório), técnico-profissional e superior. Portanto, em termos que favorecem uma interpretação do direito como sendo uma educação escolar e formal. Assim tem sido entendido quase exclusivamente.

Embora a oferta dos serviços formais de instrução seja indispensável à democracia, isso não distingue por si só o caráter democrático de uma sociedade no que diz respeito à educação. A educação escolar formal, assim como a educação não-formal, pode se aproximar, se afastar ou se manter eqüidistante da democracia. Esta se constitui da interdependência de três dimensões: respeito aos direitos fundamentais, representatividade social dos atores políticos e cidadania.

O respeito aos direitos fundamentais é ao mesmo tempo luta pela limitação do poder, seja o do Estado, o das Igrejas, o das fa-

110

mílias ou o das empresas. A educação, formal e não-formal, é um modo de respeitar aqueles direitos, portanto uma ação contínua para limitar poderes, ou não contribui para a democracia. Em conseqüência, não contribui com a democratização do sistema educativo brasileiro.

A representatividade dos governantes significa a existência de atores sociais cujos agentes políticos sejam seus instrumentos. A sociedade civil é composta de uma pluralidade de atores sociais, e a representatividade dos governantes depende desse pluralismo. A educação, formal e não-formal, é um modo de constituição da identidade daquela variedade de atores e de definição o mais nítida possível daquela identidade, ou não contribui para a democracia.

A terceira dimensão, a cidadania, deve ser entendida essencialmente como co-responsabilidade, no sentido de que cidadãs e cidadãos se considerem parte de uma sociedade política. É o que fundamenta a livre escolha dos governantes, pois os(as) governados(as) que não se interessam pelo governo sentem-se pertencentes apenas a uma família, uma categoria profissional, etnia ou confissão religiosa. Algumas pessoas não têm motivos para interessar-se pela modificação das decisões e leis porque estão satisfeitas com a posição que ocupam na sociedade, outras porque não querem assumir responsabilidades e os sacrifícios correspondentes. A educação, formal e não-formal, é um modo de constituição e de realização dessa consciência de cidadania, ou não contribui para a democracia. Pode-se entender que a educação não-formal não poderia deixar de aliar-se à educação formal para a realização daquelas dimensões e, ainda, para a estreita conexão entre as três. O que se mostra novamente compatível com a proposição de um sistema educativo amplo, não limitado ao sistema escolar.

VALÉRIA AMORIM ARANTES (ORG.)

Voltando-me, agora, às idéias expostas pelo professor Trilla, sublinho que somente em algumas circunstâncias a educação formal, a não-formal e a informal podem estar funcionalmente relacionadas, ao modo de complementaridade, suplência ou substituição, reforço e colaboração entre diversos agentes educacionais. Mas podemos concordar que "nas melhores propostas pedagógicas" existe a vontade de construir o maior número possível de pontes entre aqueles três tipos de educação. Que forças atuam ou atuariam no sentido de tornar a multiplicidade de agentes um conjunto mais convergente (se não coordenado) ou um conjunto de agentes mais indiferentes ou concorrentes entre si?

**Trilla:** Antes de tentar responder concretamente à pergunta, considero conveniente fazer algumas reflexões que talvez não tenham sido suficientemente explicitadas no meu texto.

As relações entre a educação formal, a não-formal e a informal, que chamei de "interações funcionais" (complementaridade, suplência, substituição, reforço...), podem ser produto de um planejamento explícito que as facilite ou incentive; mas algumas delas também podem ocorrer sem a existência desse processo.

Primeiro, e partindo-se da perspectiva do que acontece com o educando, de fato o sujeito integra, na sua experiência educativa global — de uma forma ou de outra —, as influências que recebe dos diversos agentes, sejam eles formais, não-formais ou informais. Por exemplo, existindo ou não canais institucionalizados de relacionamento entre a família e a instituição educativa, não há dúvidas de que a experiência da criança em casa afeta (para o bem ou para o mal) o que ela vive na escola (e vice-versa).

112

EDUCAÇÃO FORMAL E NÃO-FORMAL: PONTOS E CONTRAPONTOS

Segundo, no caso da perspectiva geral do universo educacional: embora não existam vínculos oficiais ou instâncias de coordenação entre os setores formal, não-formal e informal, inevitavelmente aparecem também interações funcionais entre eles em conseqüência de alguma espécie de auto-regulação ou mecanismo adaptativo do universo da educação não necessariamente regido pelas instâncias oficiais de decisão e gestão do sistema (em meu texto inicial, apresentei diversos exemplos concretos dessas relações de complementaridade, suplência etc.). Portanto, quando falei de tais "interações funcionais" tentei, em um primeiro momento, simplesmente descrever um aspecto do funcionamento real do universo educacional. Isto é, inevitavelmente existem relações entre os três setores, mesmo que, obviamente, nem todas elas tenham sido organicamente estabelecidas.

Porém, reconhecer a existência de tais relações não significa aceitá-las todas como boas nem afirmar que aqueles mecanismos de auto-regulação, a qual podemos chamar de "espontânea", sejam suficientes. Por exemplo (retomando algo que apontávamos no texto em uma nota de rodapé): na Espanha existe uma oferta não-formal muito ampla, dirigida ao ensino de línguas estrangeiras (especialmente inglês). Essa rede tem boa parte do seu público composta por crianças e adolescentes escolarizados, que também recebem formalmente esse tipo de ensino. Mas, pelo fato de que o ensino formal de idiomas até agora não tem sido (por qualquer motivo) suficientemente eficaz, e porque a aquisição da língua inglesa é reconhecida pelas famílias como necessária para o futuro profissional e acadêmico de seus filhos, gera-se uma demanda que o setor não-formal se apressa em satisfazer, geralmente por meio de instituições privadas com fins

113

lucrativos. Nesse caso, a oferta não-formal assume uma clara função de suplência da educação formal.

Se conviermos que o domínio de uma língua estrangeira constitui atualmente uma competência básica, o sistema formal deveria garantir a aquisição desta. Quando isso não acontece, recorrer à oferta não-formal privada, no nível social, nunca deveria ser considerada uma solução idônea e definitiva – mesmo que no nível particular isso resulte em uma solução para as famílias que possam arcar com esse custo.

Que a educação não-formal solucione as deficiências ou fracassos da formal é defensável apenas como solução provisória. É preciso fazer com que o sistema formal cumpra de maneira eficaz com as tarefas que deve realizar. Entre outras razões porque, em certos casos, como o do exemplo apontado, aceitar como definitivo o fato de que a oferta não-formal de mercado corrija o mau funcionamento da formal supõe transformar a primeira em mais uma fonte de desigualdade. Conformar-se com as deficiências do sistema formal público pela existência de uma oferta não-formal privada submissa às leis de mercado supõe aumentar a distância entre as classes sociais na educação.

Então, a primeira consideração prévia é: entre os três setores educacionais existem sempre relações de uma ou de outra natureza, mesmo que elas nem sempre sejam originadas por um planejamento expresso e intencional. A outra reflexão que eu queria fazer antes de responder concretamente à pergunta do professor Ghanem é referente à possibilidade real de alcançar um universo educacional absolutamente coordenado, convergente, homogêneo, sem fissuras nem contradições. Em uma sociedade plural, na qual coexistem ideologias e projetos de vida diversos, com interesses

EDUCAÇÃO FORMAL E NÃO-FORMAL: PONTOS E CONTRAPONTOS

não só diferentes, mas às vezes também opostos, acho que será sempre inevitável que tudo isso se reflita no universo educacional em seu conjunto e nas experiências educativas de cada pessoa. Isto é, um universo educacional totalmente harmônico é tãosomente uma aspiração duvidosamente factível. E não só isso. Penso que até podemos duvidar que seja desejável. Um universo educacional com essas características só seria concebível no marco de um sistema social e político totalitário, que anulasse pela força a diversidade e ocultasse as contradições reais existentes; ou em um projeto utopista que fosse capaz de instaurar uma sorte de idílica harmonia entre todas as pessoas e instâncias sociais; uma utopia como as cidades "ideais" imaginadas no Renascimento (Campanella, Tomás Morus...) ou nos projetos societários do século XIX (Fourier, Cabet...) – definitivamente, sociedades fechadas e já enclausuradas: o fim da história.

Já se vê que tudo isso nos afasta muito da intenção da pergunta do professor Ghanem. Peço desculpas a ele e ao leitor por essa pequena divagação. Porque, sem necessidade de aspirar àquela harmonia completa no universo da educação e na sociedade que o alberga, a verdade é que, em nossos sistemas educativos, percebe-se a falta de consideráveis doses de coordenação entre os diversos agentes. Portanto, tem todo o sentido – como faz o professor Ghanem – apelar a forças que façam da diversidade de agentes educacionais existentes um conjunto mais convergente ou, ao contrário, um conjunto de atores indiferentes entre eles, ou até enfrentados. Temo que não vá saber responder à pergunta de forma suficiente, pois nunca me havia proposto tal questão; nunca nesses termos. De qualquer modo, aí vão algumas reflexões.

115

VALÉRIA AMORIM ARANTES (ORG.)

Para começar, é preciso partir do fato de que, se a educação formal sempre está regulada e administrada por um só organismo oficial (ou por um número muito limitado e específico deles: Ministério da Educação e uma maior ou menor participação das administrações regionais e locais), a educação não-formal costuma proceder e depender de uma considerável quantidade e variedade de organismos públicos (ministérios da Cultura, Serviço Social, Saúde, Trabalho, Interior..., e as áreas correspondentes das administrações regionais e locais....) e privados (empresas, fundações, organizações não governamentais e associações sociais, culturais, esportivas, juvenis...).

A dispersão é, desse modo, uma característica quase definidora do setor não-formal e, obviamente, uma dificuldade intrínseca para a coordenação dentro do próprio setor e deste com o formal. Também constitui uma dificuldade somada ao fato de que muitos programas não-formais são pouco estáveis – para estar na moda, diríamos que a educação não-formal seria, nas palavras de Zygmunt Bauman, muito mais representativa da "modernidade líquida" do que a educação formal. Isso tem seu lado positivo: o setor não-formal é dinâmico, adaptável a necessidades mutáveis, sem muitas inércias e, em todo caso, menos esclerosado que o formal. Mas as contrapartidas negativas também são evidentes: falta de continuidade de determinados programas, que desaparecem não tanto por terem cumprido sua missão, mas por simples vaivéns políticos, o caráter provisório dos investimentos econômicos, o desconhecimento e a pouca valorização social que recebem como fruto de sua transitoriedade etc. Tudo isso, então, são obstáculos à coordenação, à complementaridade e ao aproveitamento das sinergias.

Para fazer frente a tais obstáculos, podemos realizar propostas diversas. Algumas, do meu ponto de vista, bastante simples e efi-

EDUCAÇÃO FORMAL E NÃO-FORMAL: PONTOS E CONTRAPONTOS

cazes; outras, a princípio, parecem muito evidentes e diretas, mas talvez gerem possíveis subprodutos pouco desejáveis. Por exemplo, entre estas últimas, a opção radical e aparentemente fácil de concentrar a regulação, gestão e administração de tudo que é relativo à educação (no mínimo, o formal e o não-formal) em um único organismo (o Ministério da Educação). Isso facilitaria, sem dúvida, a harmonização do conjunto, a coordenação dos diferentes níveis e a complementaridade dos setores. No entanto, esse tipo de planejamento comporta certos inconvenientes nada desprezíveis. Um deles é que o setor não-formal pode ficar automaticamente minimizado e subordinado pela presença sempre mastodôntica do sistema formal. As necessidades do setor formal, crescentes e também, em geral, valorizadas como mais imperiosas, provavelmente relegariam as opções não-formais a uma situação mais marginal e a uma consideração ainda mais acessória que a atual. Por outro lado, esse tipo de política educativa de concentração comporta também o risco de contagiar o não-formal de certas aderências indesejáveis muito freqüentemente presentes no formal: burocratização, hierarquização, funcionalização, atravancamento, credencialismo, uniformização etc. Isto é, a administração unificada do formal e do não-formal não produziria necessariamente uma otimização do conjunto ou o desenvolvimento e melhor aproveitamento do setor não-formal. Dito de outro modo, é duvidoso que se situar apenas sob o guarda-chuva dos organismos de gestão do sistema formal seja conveniente para o setor não-formal, do ponto de vista estratégico.

Em minha opinião, existem outras políticas ou atuações, talvez menos diretas e ostensivas que a apontada, que podem contribuir para coordenar o formal e o não-formal e aproveitar as sinergias

117

VALÉRIA AMORIM ARANTES (ORG.)

que se geram ao colocá-los em relação – mesmo sem unificá-los. Muito rapidamente enumerarei algumas.

Em primeiro lugar, é evidente a necessidade de dispor de inventários bem organizados, acessíveis e convenientemente atualizados das ofertas não-formais existentes. A informação sobre os recursos (centros, equipamentos, programas...) disponíveis na educação formal é facilmente acessível, mas não acontece o mesmo com o setor não-formal, devido à sua heterogeneidade e variabilidade. Portanto, é preciso dispor dos mecanismos pertinentes para conhecer e divulgar o conjunto de ofertas não-formais.

Nas administrações públicas, já está muito avançada a elaboração do mapa escolar (da educação formal) de um território determinado (região, comarca, cidade...). Pois bem, esses mapas deveriam ser ampliados com a incorporação neles dos recursos não-formais presentes no território. Isso permitiria conhecer não só o que existe, mas também analisar se os recursos são adequados ou não às necessidades reais, descobrir as carências e desequilíbrios existentes e – o que mais nos interessa neste ponto – planejar e operacionalizar as formas de relação entre os diversos agentes educacionais (formais, não-formais e inclusive alguns dos informais) cuja existência seria desejável para completar a oferta.

O segundo tipo de atuação já fica implícito no que acabamos de dizer: é necessário criar redes e plataformas de coordenação que facilitem o intercâmbio de informação, e o planejamento e implementação de projetos conjuntos entre diversos agentes. Tais plataformas devem existir tanto no nível das altas esferas da administração pública (comissões interdepartamentais...) como – e principalmente – nos territórios concretos (conselhos de participação cidadã, coordenadorias locais etc.).

Terceiro, começando pelas administrações, deveriam ser incentivados os projetos educacionais inovadores que têm como uma de suas características relevantes a necessária participação conjunta de agentes educacionais, sociais, culturais e econômicos diversos. Por exemplo, projetos de colaboração entre escolas e bibliotecas públicas, museus etc.; entre centros de educação secundária ou universidades e empresas para a realização de práticas profissionais; de aprendizagem-serviço... Os exemplos e as possibilidades de projetos nessa linha poderiam ser, sem dúvida, muito numerosos. E também podem ser muito variadas as formas de a administração pública incentivar ou promover tais planos: convocatórias específicas para financiá-los; ajuda técnica para elaborá-los; isenções fiscais para empresas e fundações que desenvolvam projetos educacionais de utilidade social ou colaborem com os centros de ensino.

**Elie Ghanem:** O professor Trilla supõe que há funções próprias de cada agente educacional. Numa perspectiva de conjugação da variedade de agentes, não seria mais adequado abandonar a fixação de funções, generalizar a co-responsabilidade e diferenciar cada agente por seus atributos e capacidades em vez de por funções que lhes seriam próprias?

**Trilla:** Considero conveniente levar as duas coisas em consideração e identificar cada agente educacional (ou diferenciá-lo dos demais) tanto pelos seus atributos ou características "formais"[18]

---

18. Aqui utilizo o termo "formal" não no sentido que adquire quando falamos em "educação formal", "não-formal" e "informal", mas no que corresponde ao par "forma-função".

## VALÉRIA AMORIM ARANTES (ORG.)

(estrutura, configuração, elementos que o constituem...) quanto pelas funções que lhes são reconhecidas ou atribuídas. O primeiro, certamente, é útil para diferentes fins. Por exemplo, há algum tempo propus uma caracterização da instituição escolar esquecendo expressamente (ou colocando entre parêntese) as funções supostas ou reais que lhe são atribuídas e, entretanto, atendendo, sobretudo, a seus aspectos "formais"[19]: a escola como forma de ensino coletiva e descontextualizada, como lugar específico, como maneira específica de estruturar o tempo (horários, calendários...) e os saberes (programas de estudo, disciplinas, lições...) etc.[20] Esse tipo de aproximação permite várias coisas. Por exemplo, diferenciar o "formato escola" de outros formatos educativos (o ensino preceptoral, a aprendizagem artesanal, o ensino a distância...). Permite também analisar determinados usos metafóricos e eufemísticos do termo "escola": "a escola da vida"... Além disso, tal caracterização formal do que chamamos escola resulta útil para interpretar as diferentes pedagogias escolares. Cada pedagogia escolar, histórica ou atual (a de Comênio, a dos jesuítas, a das escolas lancasterianas, a da Escola Nova, a de Freinet, as experiências antiautoritárias etc.), suporia uma proposta diferente de assumir e configurar cada uma daquelas características. E esse tipo de caracterização possibilita também – como aponta o professor Ghanem – elucidar as capacidades reais (possibilidades e limites) de cada formato ou tipo de agente educacional: não se pode pedir à escola tudo ou qualquer coisa; tampouco às famílias etc.

---

19. Idem.

20. Trilla, J. *Ensayos sobre la escuela. El espacio social y material de la escuela.* Barcelona: Laertes, 1985.

Mas, por outro lado, creio que isso também torna aconselhável não desprezar a análise e a atribuição de possíveis funções parcialmente diferenciadas a cada agente educacional. Falar em *coresponsabilidade* (a educação como responsabilidade compartilhada) não significa que possamos e devamos considerar que todos os agentes são responsáveis em igual medida, nem que todos tenham responsabilidade nos mesmos aspectos educacionais. O ditado "todos devem fazer tudo" não pode ser traduzido como "cada um deve fazer tudo" nem como "cada um deve fazer o mesmo que os outros". Primeiro, porque isso, obviamente, é impossível. Segundo, porque, se um só agente educacional pudesse fazer tudo, os restantes seriam desnecessários.

Parece que, em nossas sociedades complexas, a divisão (técnica) do trabalho é inevitável; e, nesse sentido, a divisão do trabalho educacional também é imprescindível. Por outro lado, quando algo é responsabilidade de todos, costuma acontecer que ninguém assume realmente a parte que lhe corresponderia da suposta responsabilidade compartilhada. A atribuição indiferenciada de funções, em lugar de multiplicar o sentido de responsabilidade do conjunto, costuma reduzir o de cada uma das partes.

Mas a pergunta do professor Ghanem obriga a introduzir certas matizações ao que acabo de dizer: concretamente, duas. A primeira é que a repartição das diferentes funções educacionais entre os diversos agentes nunca deve ser nem exclusiva nem excludente. Isto é, mesmo que possamos convir, por exemplo, que a família constitui o ambiente mais privilegiado para a educação da dimensão afetiva da personalidade, isso não significa que a família não deva ter certo papel na educação intelectual de seus filhos, nem que a escola deva esquecer-se dos afetos, das emoções ou dos sentimentos. Trata-se, portanto, como já queríamos sugerir no texto inicial, de diferenças de ênfase e não de exclusividades de nenhum gênero.

Outra precisão que deve ser colocada é que a atribuição de funções também não é fixa, ou invariável. Uma simples olhada para a realidade e a história demonstra que as tarefas educacionais encomendadas aos diferentes agentes foram se modificando com o passar do tempo, devido à mudança das circunstâncias sociais, econômicas, culturais e técnicas.

Em meu país (Espanha), a formação dos hábitos alimentares, que antes acontecia integralmente na família, atualmente, em boa medida, é realizada na escola. A seqüência causal dessa transferência de funções é óbvia: a incorporação das mulheres ao trabalho fora de casa faz com que as crianças fiquem na escola para comer; isso implica que essa instituição deva ocupar-se de formar os hábitos alimentares. Outro exemplo muito óbvio de como vão mudando as funções dos diferentes agentes educacionais pode ser o da formação profissional. O desenvolvimento tecnológico e as transformações no mundo laboral fazem com que as funções de formação para o trabalho devam estender-se ao longo da vida trabalhista, ser realizadas com base em uma variedade de meios, e não ficar reduzidas, como antigamente, apenas à aprendizagem artesanal na própria oficina ou à formação profissional formal.

**Elie Ghanem:** A educação escolar, como educação formal, para além de apenas valorizar e reconhecer "as aquisições que os indivíduos realizam em contextos não-formais e informais", não deveria buscar constituir-se centralmente como recurso para que os indivíduos julguem melhor e promovam aquelas aquisições?

EDUCAÇÃO FORMAL E NÃO-FORMAL: PONTOS E CONTRAPONTOS

**Trilla:** Como na pergunta anterior, acho que uma coisa não exclui a outra. Por um lado, é justo e necessário que a educação formal reconheça e avalie na sua justa medida as aquisições realizadas pelos sujeitos por meio da educação não-formal e informal; entre outras razões, pelo fato de que – gostemos ou não – uma das tarefas do sistema formal é precisamente credenciar conhecimentos e competências. Se alguém tem as competências estipuladas para obter determinada certificação, é secundário se as adquiriu seguindo o processo convencional do sistema formal ou por outros meios.

Por exemplo, é óbvio que para ter acesso a uma carreira universitária é preciso contar com determinadas competências prévias. O "normal" é que elas tenham sido adquiridas por meio do aproveitamento dos níveis anteriores do sistema educacional; mas também não é incomum encontrar indivíduos que tenham as competências reais necessárias sem ter cursado os graus formais anteriores. Essas pessoas deveriam ter, portanto, a possibilidade de cursar aqueles estudos superiores por meio de algum mecanismo que lhes permitisse credenciar as competências prévias pertinentes. Por isso, muitos países têm provas especiais, por exemplo, para maiores de 25 anos que desejam ter acesso à universidade, mas não contam com o preceptivo título de ensino médio.

Freqüentemente, a burocratização do sistema formal e a própria sociedade supervalorizam os títulos, como se eles fossem uma garantia absoluta daquelas competências que supostamente credenciam. Isso me lembra um paradoxo que, se não me falha a memória, apontava já há muito tempo Ivan Illich. Esse brilhante desmistificador da escola colocava o seguinte: imaginemos que uma empresa realize um processo de seleção para preencher determinada vaga. No fim do processo, e depois de toda a série de provas e entrevis-

123

VALÉRIA AMORIM ARANTES (ORG.)

tas, restam só dois candidatos. Ambos demonstraram exatamente as mesmas competências para desenvolver eficazmente a vaga de trabalho a que aspiram, mas um deles tem um título universitário e o outro, não. Diante dessa situação, o mais provável é que a empresa escolha finalmente o que tem o título acadêmico. A reflexão de Illich é que a empresa cometeria um erro evidente atuando dessa maneira, em função da mitificação ou da supervalorização que se faz dos títulos. Pois, se para chegar a idêntico nível de competência real um dos candidatos precisara seguir todo um processo de formação acadêmica e o outro tinha chegado ao mesmo resultado por conta própria, com certeza esse último estaria mais bem preparado e, portanto, seria mais merecedor do posto.

Em todo caso, concordo plenamente com a afirmação que a pergunta inclui. A escola, e por extensão o sistema formal, deveria constituir-se centralmente como recurso para promover melhores aquisições informais. Em um trabalho anterior,[21] esbocei alguma reflexão sobre uma das tarefas mais importantes que, em relação ao conhecimento e à cultura, acho que deve assumir atualmente a escola. Caracterizei essa tarefa como a de facilitar a elaboração das experiências e aprendizagens que são construídas com base na educação informal. E por "elaborar" quis dizer coisas como as seguintes:

• *Organizar o conhecimento*. Pela educação informal podem ser adquiridos muitíssimos conhecimentos, mas geralmente isso

---

21. Trilla, J. "La cultura y sus mediaciones pedagógicas". In: García Garrido, J. L. (org.) *La sociedad educadora*. Madri: Fundación Independiente, 2000. p. 125-144.

EDUCAÇÃO FORMAL E NÃO-FORMAL: PONTOS E CONTRAPONTOS

acontece de modo desestruturado. No entanto, a cultura implica, por definição, a exigência de certa organização interna. A escola, nesse sentido, deve permitir que o sujeito organize cognitivamente todos esses elementos dispersos e adquira, portanto, uma cultura em sentido estrito.

• *Conceituar as experiências diretas da realidade.* Tais experiências são riquíssimas em sensações, emoções, impressões... o que é muito importante. Mas, para apreender a realidade e poder expressá-la, também é necessário conceituar, categorizar...

• *Integrar os novos elementos culturais adquiridos no marco das referências prévias das quais o indivíduo dispõe.* Isso é algo que a escola e o resto das instâncias educativas formais sabem fazer muito pouco e que deveriam aprender. Com exceção, talvez, da escola infantil, na qual a única alternativa é partir da aprendizagem anterior e extra-escolar, nos outros níveis, o ponto de partida é apenas aquilo que supostamente os alunos adquiriram nos níveis precedentes; são esquecidas, então, a abundância de experiências de aprendizagem que foram desenvolvidas e que continuam sendo desenvolvidas simultaneamente fora do âmbito escolar. O formal geralmente foi concebido como um sistema fechado, cujos conteúdos se auto-abastecem, reproduzem e ampliam a si mesmos. A chamada sociedade da informação mostra como um sistema educacional configurado desse modo é flagrantemente obsoleto. É urgente, portanto, que as escolas aprendam a levar em consideração toda a bagagem de experiências prévias e externas para ajudar os alunos a elaborá-las e integrá-las.

VALÉRIA AMORIM ARANTES (ORG.)

• *Dar profundidade à cultura informalmente adquirida*, que, às vezes, se situa em níveis de superficialidade muito notáveis. A aprendizagem informal pode ser riquíssima, mas também é verdade que às vezes fica no simplesmente aparente e trivial.

• *Compreender a gênese dos conteúdos das aprendizagens informais*, uma vez que estas, por sua natureza, estão muito ancoradas no presente, no imediato. A escola deve suscitar o interesse pela gênese de informações e dos conhecimentos adquiridos fora dela: de onde procedem, como foram construídos... Em nossa sociedade da informação (na internet etc.), tudo é muito presente, tudo é atualizado constantemente. É relativamente fácil estar na moda, mas o desenvolvimento, a evolução do conhecimento, é mais difícil de perceber.

• *Valorar*. Elaborar a experiência cultural direta significa também submetê-la (tanto a própria experiência quanto o produto ou a situação que a gerou) à possibilidade de crítica racional.

• *Selecionar*. A avalanche de informação acessível é tal que, se não aplicarmos critérios de seleção, fica totalmente intratável e inútil. A função da escola e dos professores é também a de ajudar os alunos a construir critérios de pertinência que os ajudem a se orientar, segundo suas necessidades e desejos, no magma atual do conhecimento. Há muitos anos, Nietzsche afirmava brilhantemente algo que agora resulta, talvez, ainda mais necessário: "Muitas coisas, fique dito de uma vez por todas, quero não sabê-las. A sabedoria marca limites também ao conhecimento". Mesmo que pareça

EDUCAÇÃO FORMAL E NÃO-FORMAL: PONTOS E CONTRAPONTOS

paradoxal, uma das tarefas da escola talvez consista em colaborar para que cada pessoa possa desenhar progressivamente os limites que o saber exige.

**Elie Ghanem:** Se o fato de uma aquisição ter-se realizado por um conduto formal, não-formal ou informal tem "importância muito relativa", sendo realmente importante "a qualidade e pertinência pessoal e social da aprendizagem em questão", não é preciso também admitir que o caráter formal da educação escolar – o que esta tem de prescrição homogênea e o vínculo desta com a certificação outorgada pelo Estado – predominantemente se opõe à dita qualidade e pertinência?

**Trilla:** Na primeira parte da resposta à pergunta anterior, já me referi indiretamente a algo que o professor Ghanem coloca aqui. Concordo com ele em que o caráter prescritivo e homogêneo dos programas pode dificultar a significância pessoal das aprendizagens escolares. É verdade que certo tipo de escola propiciou (e infelizmente segue propiciando) aprendizagens pouco ou nada significativas para os alunos; conhecimentos (se é que podemos chamá-los assim) simplesmente memorísticos, desvinculados de qualquer interesse genuíno e das experiências reais dos aprendizes. A crítica a essas pedagogias escolares poderia, com razão, tomar-nos muitíssimo espaço, e já a realizei extensivamente em outro lugar.[22] No entanto, acho que esse tipo de crítica não deveria ser generalizado ao conjunto do sistema formal ou a todas as peda-

---

22. Trilla, J. *A pedagogia da felicidade. Superando a escola entediante.* Porto Alegre: Artmed, 2006.

VALÉRIA AMORIM ARANTES (ORG.)

gogias escolares. Isto é, do fato de que os conteúdos do sistema formal tenham certo caráter de prescrição homogênea ao estar vinculados a certificações oficiais, não necessariamente se deriva que as aprendizagens geradas na escola fiquem despersonalizadas, deixem de ser significativas etc.

Para explicitar essa posição, me permitirei, inicialmente, uma rápida divagação muito teórica sobre duas concepções da educação escolar (ou da educação em geral) supostamente antinômicas: a que entende a educação como socialização e a que a entende como individualização ou personalização. Formulado de outro modo: se a educação escolar deve nos transformar a todos em mais iguais ou em mais diferentes; se ela deve consistir em facilitar a aquisição compartilhada de tudo aquilo que nos permite viver em sociedade; ou se o que deve perseguir é o pleno desenvolvimento da personalidade de cada qual. Se tivesse de dar nomes próprios a essas concepções da educação poderia associar uma a Durkheim e a outra a Rousseau ou a Kant.

A princípio, acho que é preciso admitir que certo caráter homogeneizador da educação escolar não é só um fato, mas deve ser reconhecido como necessário e positivo. A educação formal (como a educação em geral) tem uma função socializadora indesculpável: deve tornar-nos todos mais iguais, mais homogêneos. Por um lado, deveria assegurar a aquisição por parte de todos de alguns conteúdos (culturais, procedimentais, atitudinais e valorativos) mínimos compartilhados. Isto é necessário tanto do ponto vista do indivíduo (para que o sujeito possa integrar-se satisfatoriamente na sociedade), como para a própria sociedade (para que uma comunidade funcione, seus membros têm de compartilhar uma série de coisas: códigos para se entender, valores que possibilitem a vida em

EDUCAÇÃO FORMAL E NÃO-FORMAL: PONTOS E CONTRAPONTOS

comum...). Por outro lado, a socialização também deve propiciar que todos sejam mais iguais em dignidade, direitos, oportunidades etc. É, portanto, nesses dois sentidos que digo que a escola deve ser "homogeneizadora": facilitar a aprendizagem daquilo que deve ser compartilhado para poder viver em sociedade e conseguir que todos sejam também mais iguais em direitos e oportunidades. Mas, do meu ponto de vista, a educação escolar não pode se limitar a essa função socializadora ou homogeneizadora. A escola também deve permitir e potencializar que cada um desenvolva sua personalidade, que possa crescer na sua individualidade. Isso significa que a educação tem de possibilitar o máximo desenvolvimento das capacidades de cada aluno.

Mesmo que ambas as aspirações – a socializadora e a personalizadora; a durkheimiana e a rousseauniana – possam parecer antinômicas ou contraditórias, não necessariamente o são. E isso acontece porque a educação supõe sempre um processo de crescimento, de ampliação, de extensão. Isto é, pode nos fazer crescer em tudo aquilo que é preciso compartilhar e, ao mesmo tempo, no que constitui a identidade pessoal.

Quando a escola alfabetiza um menino, ensina-lhe um código compartilhado que o ajuda a viver em sociedade (socialização) e, ao mesmo tempo, proporciona-lhe um instrumento fantasticamente versátil que lhe permite expressar sua individualidade. Nesse sentido, um dos desafios pedagógicos mais interessantes é precisamente encontrar o equilíbrio perfeito entre socialização e personalização. Quando o equilíbrio se rompe em favor da socialização, cai-se na uniformização, que pretende anular toda diferença e transformar todos em réplicas miméticas de um modelo determinado. Quando o sistema se inclina inversamente, cai

129

VALÉRIA AMORIM ARANTES (ORG.)

na discriminação de classe, na meritocracia individualista, e forma indivíduos associais ou, inclusive, anti-sociais.

Considero que essa digressão teórica me permite agora voltar à questão concreta colocada pelo professor Ghanem. Admitir que a tarefa educacional da escola deve combinar equilibradamente o cultivo do que é preciso compartilhar para nos tornarmos mais sociáveis e o respeito e o desenvolvimento da personalidade de cada indivíduo supõe um planejamento pedagógico para a escola que afeta tanto os conteúdos quanto as metodologias.

Por isso, no que se refere aos conteúdos escolares, como planos de estudo e programas – e sem poder deter-me na análise concreta dos currículos estabelecidos em um ou outro país –, minha opinião é que, em geral, costumam ser excessivos e muito padronizados ou uniformes; pelo menos, com relação a "conhecimentos".

Não acho que aqueles necessários "mínimos compartilhados" aos que me referia antes devam incluir tudo o que os programas de estudo usuais costumam prescrever. A prova do que digo é a facilidade com a qual os alunos (e ex-alunos) esquecem uma parte considerável do que real ou supostamente aprenderam em certo momento. Conhecimentos, definitivamente, que fora da escola não precisam para nada; insignificantes para a vida cotidiana, para o trabalho e, inclusive, para os níveis subseqüentes do próprio sistema educativo formal.

Há alguns anos, alguns pesquisadores concluíram um estudo[23] realmente interessante que consistiu em aplicar a estudantes de últimos cursos de graduações universitárias exames padronizados

---

23. Esteve, J. M.; Vera, J.; Franco, S. *Un examen a la cultura escolar*. Barcelona: Octaedro, 2001.

EDUCAÇÃO FORMAL E NÃO-FORMAL: PONTOS E CONTRAPONTOS

do ensino médio obrigatório; os resultados obtidos foram francamente decepcionantes. Isso significa, entre outras coisas, que boa parte daquilo que tinham aprendido em determinado momento e lhes tinha servido para passar na disciplina e no curso correspondentes havia se transformado em algo inútil – do qual podiam perfeitamente se desprender sem prejuízo nenhum para sua vida cotidiana ou para sua carreira acadêmica.

É preciso advertir, no entanto, que da afirmação sobre o caráter geralmente excessivo das prescrições curriculares padronizadas ou uniformes não se deve inferir uma defesa de algo como diminuir os níveis de exigência do sistema educativo formal. De maneira nenhuma estou insinuando isso, mas exatamente o contrário.

Precisamente, é necessário reduzir a uniformização e a estandardização academicista, para facilitar o máximo rendimento possível de cada aluno; e isso supõe um sistema educativo muito mais exigente consigo mesmo e em relação ao aproveitamento que todos os alunos devem obter dele.

Portanto, não se trata de baixar o nível de exigência, mas de possibilitar que esta se situe em cada caso no lugar mais alto que cada pessoa consiga superar, assegurando para todos, sem exceção, aquelas competências que realmente devem ser compartilhadas.

Como já antecipava, creio que o equilíbrio ideal entre socialização e personalização não remete só aos conteúdos que devem transitar na escola, mas afeta também e de forma muito relevante as metodologias educacionais que são postas em jogo. Já não é possível me aprofundar nisso, mas não há dúvida de que as metodologias ativas e participativas, as que permitem um trabalho escolar diversificado e que se adapte ao ritmo de aprendizagem de cada pessoa, são muito mais capazes de conectar os conteúdos

VALÉRIA AMORIM ARANTES (ORG.)

e a aprendizagem aos interesses e às experiências vitais dos alunos dentro e fora da escola.

Para finalizar, só um exemplo que recupera algo que mencionei algumas linhas acima. A alfabetização é uma aprendizagem básica que indiscutivelmente deve ser compartilhada. Mas, obviamente, aprender a ler e a escrever na escola por meio daqueles procedimentos tradicionais fundamentados em exercícios reiterativos e textos absurdos ou abobalhados ("minha mamãe me mima", "minha mamãe me ama")[24] não é a mesma coisa que fazê-lo por meio de métodos capazes de vincular o próprio processo de aprendizagem da língua com os contextos reais dos sujeitos e suas necessidades expressivas e comunicativas.

Resumindo, eu diria que:

1. Efetivamente, a prescrição homogeneizadora dos currículos da educação formal pode dificultar a realização de aprendizagens realmente significativas e vinculadas aos interesses e necessidades dos sujeitos.

2. De qualquer modo, certa função homogeneizadora (socializadora) é consubstancial à educação.

3. Essa irrenunciável função socializadora da educação (e, portanto, também da escola) deve ser compatibilizada (equili-

---

24. Em uma das imaginativas e lúcidas tiras de Mafalda, o cartunista Quino representa uma aula na qual a professora está ensinando no quadro estas frases comuns para ensinar a ler e escrever: "Minha mãe me mima", "minha mãe me ama"... Então, Mafalda levanta da mesa, vai até a professora, dá a mão a ela e diz: "Parabéns, vejo que a senhora tem uma mãe excelente". Depois, Mafalda retorna à sua cadeira e, de lá, diz: "Agora, por favor, ensine coisas realmente importantes para a gente".

EDUCAÇÃO FORMAL E NÃO-FORMAL: PONTOS E CONTRAPONTOS

brada) com a também irrefutável função personalizadora.
4. Tal equilíbrio pode ser conseguido por meio de:
a) planos curriculares que prescrevam aquelas competências que realmente devam ser compartilhadas, mas que sejam também suficientemente abertos e flexíveis para possibilitar o pleno desenvolvimento da personalidade de cada indivíduo.
b) metodologias capazes de conectar os conteúdos prescritos com as experiências e necessidades reais dos sujeitos.

Definitivamente, acredito que a contradição apontada na pergunta não é na verdade uma contradição necessária entre o sistema formal e certo tipo de aprendizagem desejável, mas só entre este e um modelo determinado de escola. É preciso dizer que os modelos alternativos não são utopias ou simples elucubrações teóricas, mas seria bem fácil exemplificá-los com propostas e realizações muito significativas da melhor pedagogia do século XX: Escola Nova, Dewey, Freinet, Freire...

# PARTE III
## Entre pontos e contrapontos

*Jaume Trilla*
*Elie Ghanem*
*Valéria Amorim Arantes*

**Valéria:** Caros colegas Elie e Trilla, voltarei a um ponto que, apesar de já comentado por vocês, me parece merecedor de mais algumas reflexões. De um modo ou de outro vocês defendem, em seus respectivos textos, uma maior coordenação entre aquilo que se nomeia "educação formal" e "educação não-formal". Para tanto, utilizam termos diversos, como interação, articulação, relação, integração, ligação, porosidade, entrecruzamento, intromissões mútuas, permeabilidade, complementaridade, cooperação, conexão etc. entre esses dois setores.

Consoante essas idéias, podemos dizer que atualmente existe um razoável consenso de que a educação escolar não pode mais ficar limitada aos muros escolares e deve se estender ao bairro e à comunidade que atende, incluindo, também, as relações com as famílias dos estudantes e as demais pessoas que convivem no entorno. Nesse sentido, surgem diversos conceitos e propostas educacionais que postulam que os recursos da cidade, do bairro e, prioritariamente, do entorno da escola devem ser transformados em espaços de aprendizagem, de promoção e garantia de direitos, deveres e da cidadania.

Foi apostando nesses pressupostos que nos últimos anos vimos, eu e um grupo de professore(a)s da Universidade de São Paulo,

VALÉRIA AMORIM ARANTES (ORG.)

investindo em projetos de pesquisa cujo principal objetivo é
estudar como a ampliação dos espaços educacionais – incorporando
os recursos da cidade e prioritariamente do entorno da escola,
contemplando a comunidade como espaço de aprendizagem – pode
levar a uma educação assentada em valores éticos e democráticos.
Apesar de identificarmos, em muitos momentos de nossos projetos,
avanços e/ou conquistas nesse sentido, muitas vezes são experiências
que se configuram como pontuais e isoladas. O fato é que, na
maioria das vezes, a relação da escola com instituições externas a ela
se dá superficialmente e de maneira pouco significativa. Somada a
isso, identificamos, em diferentes escolas, uma enorme indisposição
do(a)s professore(a)s para o diálogo, troca ou interação entre escola
e organização/instituição.

Posto isso, gostaria que vocês sugerissem, do ponto de
vista prático, alguns caminhos que pudessem contribuir para a
superação da cisão atualmente existente entre essas duas esferas da
educação – formal e não-formal –, fazendo valer a coordenação,
interação, relação etc. defendidas por vocês.

**Elie Ghanem:** No Brasil, o isolamento característico de cada
estabelecimento escolar veio sendo reconhecido e paulatinamente
apontado como algo indesejável. Não parece ser exatamente um
consenso que a educação escolar deva se estender à chamada
comunidade que vive no local em que está situada a escola.
Muito freqüentemente, em declarações de profissionais de escolas
básicas públicas de diferentes estados brasileiros, há sinais de que
predominam duas noções. Uma dessas noções, sem questionar o
modelo educacional baseado no ensino (quer dizer, mantendo
a aspiração de realizar eficientemente o que geralmente se

EDUCAÇÃO FORMAL E NÃO-FORMAL: PONTOS E CONTRAPONTOS

entende por "transmitir conteúdos"), ressalta a deficiência de algumas condições sociais imprescindíveis para a realização de tal modelo. Trata-se essencialmente do desempenho de serviços públicos de outros setores governamentais, tais como os de saúde e de assistência, uma vez que proveriam insumos necessários à freqüência regular de estudantes à escola – minimamente alimentação, vestuário, transporte e material escolar – e meios de viabilizar a execução das atividades determinadas por docentes. Outras condições também reclamadas dizem respeito ao exercício de autoridade de pessoas adultas sobre as gerações mais novas no âmbito doméstico. Tanto o exercício daquela autoridade é fator de legitimação da autoridade análoga exercida no âmbito escolar para manter certo disciplinamento nas condutas de estudantes quanto se espera que a autoridade de pessoas adultas nos lares esteja dirigida para controlar a obediência aos ordenamentos docentes em momentos e lugares externos à escola (tipicamente, obrigar os estudantes a "fazer os deveres escolares").

A outra noção, também plenamente situada no modelo educacional predominante, está orientada para o que se conveio denominar de "contextualização do ensino". Supondo que a "transmissão de conteúdos" está dedicada a conhecimentos universais, que tais conhecimentos são independentes de cada meio social particular e que a realização do ensino depende de que estudantes compreendam a linguagem utilizada para lidar com aqueles conhecimentos, pretende-se que docentes "partam da realidade do aluno", o que incluiria aprenderem características peculiares do grupo social de origem das turmas servidas pelas escolas. Entre as características consideradas mais importantes, está o vocabulário que se emprega para designar a realidade imediata,

139

ou, como se costuma dizer, fatos da sua vida cotidiana. Não se trata de um sincero interesse em intervir em tal realidade, apenas de coletar subsídios para realizar atividades que utilizem exemplos facilmente reconhecíveis e uma linguagem intermediária pela qual seja possível fazer comunicados sobre "os conteúdos" de maneira mais imediatamente inteligível para as turmas.

Muito diferente dessas duas noções, seria, por exemplo, admitir que a organização escolar (um estabelecimento), além de poder constituir-se como uma comunidade distinguível, pode ser compreendida e compreender a si mesma como parte de uma comunidade local mais ampla. Isso seria compatível com a idéia de que a educação escolar deva se estender "à comunidade". Mas implicaria abandonar o modelo de educação como ensino para dar lugar, por exemplo, à realização de uma educação como prática refletida e conjunta de educandos(as) e educadores(as) em determinada realidade. Este, aliás, é um dos principais significados do título do famoso livro de Freire *Educação como prática da liberdade*. Na mesma linha, em conseqüência, grupos, organizações privadas e órgãos públicos, não somente locais (no sentido de situados no bairro ou no distrito), precisariam orientar parte de suas atividades para uma atuação conjugada com profissionais da escola e estudantes, de modo a aproveitá-las deliberadamente na promoção de aprendizagens, especialmente as que constituem exercício prático de cidadania e combate às desigualdades. Se esse tipo de exercício fosse predominante na vida comum das pessoas no entorno da escola, poder-se-ia supor que haveria alta probabilidade de condicionar fortemente um exercício análogo no convívio intra-escolar. Mais do que recursos a serem utilizados, tais grupos, organizações e órgãos que integram "a comunidade" também são constituídos por pessoas que poderiam valorizar seu saber e ampliá-lo participando como educandos(as) e educadores(as) de atividades escolares. Experiências que mostram alguma afinidade com essa perspectiva de educação ocorrem, mas são incipientes, tateantes e reduzidas. Pode-se mencionar o caso relativamente recente de uma escola estadual de nível médio de São Paulo que se mobilizou por meses pela libertação de um aluno. Donizete era um jovem negro que vivia com sua mãe e fora colher tomates em terreno vizinho à sua casa na ocasião em que houve roubo, tiroteio e homicídio em um mercado próximo. Donizete foi arbitrariamente preso, sem flagrante e sem provas, acusado do crime pela polícia e mantido detido por longo período no distrito policial. Docentes e estudantes de sua escola se aliaram a sindicatos, que publicaram em jornais informações sobre o caso e se posicionaram a favor da libertação do jovem, condenando o procedimento dos policiais como racismo. Caravanas de estudantes semanalmente se dirigiam às portas da cadeia para manifestar-se pela libertação, alimentos foram colhidos para solidarizar-se com a mãe do preso, que dele dependia para manter a casa. Organizações de defesa dos direitos humanos foram acionadas, prestaram apoio de advogados, inclusive um senador interveio na negociação pela soltura do jovem. Donizete, sem nenhum histórico de delito anterior, ficou encarcerado por dois anos, durante os quais sua acusação tramitou no sistema judiciário, sendo absolvido por falta de provas. Possivelmente, sem as ações empreendidas, o processo e os resultados teriam sido muito mais deletérios para as vítimas da injustiça. Mais que isso, aqueles acontecimentos podem ser entendidos como um exemplo de cumprimento da Constituição da República, que preconiza,

VALÉRIA AMORIM ARANTES (ORG.)

entre os objetivos da educação, o "preparo para o exercício da cidadania" (art. 205). Cerca de cem docentes e aproximadamente 3 mil estudantes aprenderam muito sobre o poder público, sobre direitos e deveres interagindo diretamente com autoridades, e no interior de sua comunidade ao mover-se em solidariedade àquele aluno, em função de um incidente local.

Não obstante, de forma geral, o magistério não demonstra empenho em estabelecer diálogo, nem internamente, com a categoria profissional. Talvez um caminho frutífero de enfrentamento desse cenário requeira considerar os possíveis fatores que concorrem para produzi-lo. Essa aparente indisposição a abrir-se à interação e ao entendimento mútuo encontra nítida afinidade com as concepções vigentes de trabalho docente que fundamentam os modos de organizar o tempo e o espaço da educação escolar, cristalizados em regulamentos homogêneos ditados pelos níveis superiores da administração governamental para serem cumpridos na base, quer dizer, nas escolas. O calendário escolar – portanto, os principais tipos de atividade e sua duração – é predefinido, impondo jornadas de trabalho quase completamente tomadas pelo ensino em aulas, por disciplinas, com o confinamento diário de docentes e estudantes em salas de aula, por cerca de 200 dias do ano. O trabalho é concebido para ser atividade solitária de cada docente com cada uma de suas turmas, para "transmitir" eficientemente saberes. Some-se a isso o fato muito comum de docentes lecionarem de manhã, à tarde e à noite, em mais de uma escola, tendo muitas turmas sob sua responsabilidade. Cada docente é como se fosse uma peça passível de reposição quando falta ou se estraga. Não é uma pessoa com particularidades e relações próprias, podendo ser substituída por uma peça do mesmo tipo, idéia considerada natural para a

EDUCAÇÃO FORMAL E NÃO-FORMAL: PONTOS E CONTRAPONTOS

burocracia pública, mas prejudicial à perspectiva da consolidação de laços interpessoais entre profissionais e entre os corpos docentes e outros indivíduos, famílias, grupos e organizações. Embora esse contexto não possa ser alterado por simplórias medidas isoladas e voluntaristas nos marcos de um ou outro estabelecimento de ensino, é possível que profissionais de escolas, ainda nessas mesmas condições, se empenhem em pelo menos duas tarefas: a) procurem aproveitar os parcos momentos de reunião em que não estão lecionando para abordar as condições em que trabalham e as concepções de educação que informam a vigência de tais condições; b) aproveitem ao máximo os próprios momentos de aula e as periódicas reuniões "de pais" para compartilhar aquela mesma abordagem com estudantes e seus familiares de modo a evidenciar que a união de uma ampla variedade de pessoas é indispensável para direcionar ações no sentido de decisões políticas das quais depende a radical alteração da concepção de educação que precisa dominar. Decisões das quais depende, por conseguinte, a alteração das formas que, hoje, assume a organização do tempo e do espaço escolar, impeditivas de uma fértil colaboração mútua entre educação formal e não-formal. Nessa perspectiva, é muito recomendável e mesmo viável que a realização das duas tarefas discriminadas ocorra sempre com o convite à participação de virtuais agentes educacionais não-escolares: profissionais de órgãos de variados setores governamentais (as unidades de saúde, os centros de assistência, os órgãos policiais, os voltados à habitação, ao transporte, ao abastecimento, os serviços culturais e esportivos), autoridades públicas do Executivo, do Legislativo e do Judiciário, bem como agentes da sociedade civil (ativistas de grupos e associações, leigos e religiosos, líderes sindicais, especialistas e pessoas dedicadas à investigação científica).

143

VALÉRIA AMORIM ARANTES (ORG.)

**Trilla:** O que você coloca me suscita muitas reflexões, pois está diretamente relacionado com um tema que me interessa há bastante tempo: a cisão existente entre a escola (ou, por extensão, o sistema educacional formal) e os agentes educacionais não-formais e informais (ou, por extensão, o meio, o entorno, o território, a comunidade, ou como queiramos chamar tudo o que está além dos muros da escola). De qualquer modo, acredito que ao menos a uma parte da pergunta concreta sobre a maneira de superar essa cisão já tentei responder em meu texto inicial e, especialmente, no final da minha resposta à primeira pergunta de Elie. Por isso, para não reincidir em coisas já ditas, peço licença para fazer um rodeio e voltar depois à questão concreta que você coloca.

O rodeio que proponho consiste em refletir primeiro sobre o porquê da realidade que você descreve perfeitamente no preâmbulo de sua pergunta. Por que, muitas vezes, as experiências escolares que pretendem usar recursos da cidade resultam em ações concretas e isoladas? Por que as relações da escola com instituições externas costumam ser superficiais e pouco significativas? A que se deve a "enorme indisposição" de muitos professores para esse tipo de iniciativas? Em resumo: quais são as causas ou as origens da resistência que realmente existe na escola para abrir-se a seu entorno. E, nesse sentido, o primeiro fato a notar é que, infelizmente, o incomum seria que não existissem as resistências citadas. Dito de outro modo, o "normal"[25] é que a escola se relacione pouco – e geralmente mal – com o meio do qual faz parte.

---

25. Não será necessário advertir que aqui utilizo a palavra "normal" como sinônimo de "habitual", "freqüente"; isto é, sem conferir a essa "normalidade" nenhuma conotação positiva.

# EDUCAÇÃO FORMAL E NÃO-FORMAL: PONTOS E CONTRAPONTOS

Há algum tempo, coloquei a existência de duas correntes antinômicas na história da pedagogia escolar. Isto é, dois modelos pedagógicos definidos com base no tipo de relação estabelecida entre a instituição escolar e seu ambiente.[26] Um é o modelo de escola que tende a se fechar em si mesma, a se enclausurar, a se isolar; o outro é o modelo oposto: o daquela que pretende se abrir ao meio, se envolver com a comunidade, construir o maior número possível de pontes com ela. São como duas tendências contrárias que a pedagogia escolar teve e continua tendo: uma vocação *centrípeta* e outra *centrífuga*. De ambas as tendências poderíamos mencionar numerosos exemplos (tanto ilustres quanto correntes), mas sua presença no desenvolvimento histórico da pedagogia escolar não tem sido, em absoluto, equilibrada. Com grande diferença, a tendência dominante tem sido, sem dúvida, a centrípeta.

A propensão a se isolar do exterior e se encerrar em si mesma foi uma das características mais tenazes da chamada escola tradicional. Mas, curiosamente − ou, como veremos, não tão curiosamente −, houve também eminentes casos de pedagogias progressistas que foram notoriamente isolacionistas. Como é bem sabido, o próprio patriarca de quase todas as pedagogias progressistas

---

26. Fizemos o primeiro rascunho dessa colocação em um trabalho que já tem muitos anos: "La escuela como lugar y su negación". In: *Ensayos sobre la escuela*. Barcelona: Laertes, 1985, p. 35-52. Posteriormente a desenvolvemos também em: "La escuela y el medio. Una reconsideración sobre el contorno de la institución escolar". In: AA.VV., *Volver a pensar la educación*. Madri: Morata, 1995, p. 217-231; "Los alrededores de la escuela". In: *Revista Española de Pedagogía* nº 228, 2004, p. 305-324; e *A pedagogia da felicidade. Superando a escola entediante*. Porto Alegre: Artmed, 2006, p. 66-70.

VALÉRIA AMORIM ARANTES (ORG.)

contemporâneas, Jean-Jacques Rousseau, recomendava afastar as crianças da cidade; e Alexander S. Neill, criador de uma das escolas antiautoritárias mudialmente mais famosas do século XX, Summerhill – que ainda continua existindo –, reconhecia que era uma espécie de ilha e que só poderia existir como tal; pois, segundo ele, uma escola muito arraigada à sociedade real não poderia aplicar a pedagogia radical que ele defendia.

A tendência contrária, a que pretende inserir a escola em seu meio, torná-la permeável, abrir portas e janelas para que a "realidade" e a "vida" penetrem no seu interior e para que ela mesma saia à sua procura, mesmo que menos presente que a anterior, também teve ilustres defensores e praticantes: o movimento da Escola Nova – mesmo que fosse um tanto ambíguo.[27] Mais decididas foram as iniciativas de J. Dewey, R. Freinet, as chamadas escolas "sem paredes", "escolas comunitárias"...

Precisando escolher entre ambos os modelos, com certeza optaríamos pelo segundo. O que, no entanto, não deveria levar-nos a desprezar a importância que teve, e seguramente continua tendo, o primeiro. O "isolacionismo" da escola não é, em absoluto, mera arbitrariedade pedagógica. Pode-se discordar dele, mas ele não deve ser menosprezado ou catalogado como velharia. Superá-lo implica primeiro entendê-lo, averiguar por que foi e, em parte, continua sendo implicitamente o modelo escolar dominante, e conhecer as razões pedagógicas nas quais se sustenta.

Essa vocação para o isolamento tem várias explicações possí-

---

27. Não devemos esquecer que os famosos princípios desse movimento aprovados em 1921, no Congresso de Calais, recomendavam que as escolas estivessem situadas no campo e funcionassem em regime de internato.

EDUCAÇÃO FORMAL E NÃO-FORMAL: PONTOS E CONTRAPONTOS

veis e seguramente complementares. Para não me estender muito, farei referência só a uma delas. Trata-se da vontade pedagógica de tentar construir um *meio educacional total*; um meio no qual possam ser controlados todos os estímulos formativos. E isso, a princípio, exige ou, pelo menos, é facilitado pelo isolamento. Utilizando um símile um pouco atrevido, do mesmo modo que para domesticar um animal selvagem primeiro é preciso tirá-lo da selva e colocá-lo em uma jaula, a "doma" das crianças precisa também de algumas jaulas chamadas escolas. Sob tal perspectiva, o exterior é sempre considerado uma possível interferência à "sagrada" missão educativa da escola.

Não posso resistir a incluir aqui uma citação literária extraordinariamente ilustrativa da funcionalidade pedagógica que esse modelo atribui à clausura. O texto que segue procede da novela de Hermann Hesse intitulada *Debaixo das rodas*. Nela, o prêmio Nobel alemão descrevia da seguinte maneira o internato no qual transcorre a narração:

> Com amorosa solicitude tinha disposto o governo que aqueles edifícios meio ocultos por colinas e florestas, afastados do mundo e imersos em uma paradisíaca quietude, servissem de acomodação aos alunos do seminário teológico protestante, a fim de que a beleza e a paz rodeassem a alma juvenil. Ao mesmo tempo, a distância e a clausura tinham o duplo objetivo de manter toda aquela garotada afastada das influências da cidade e da vida familiar, e predispô-la ao ressecamento quase ascético de sua nova existência. Por esse meio se fazia possível que os quase adolescentes habitantes da instituição pusessem todo seu empenho e afã em estudar durante vários anos o grego e o hebraico, e que

VALÉRIA AMORIM ARANTES (ORG.)

toda a ânsia inquieta de sua alma se transformasse no gozo plácido e na alegria serena do estudo.[28]

É preciso lembrar que os "internatos" foram por muito tempo as instituições escolares mais prestigiadas – as "escolas" a que as famílias da classe alta enviavam seus filhos para que tivessem uma formação mais sólida e elitista. Mas, sem ir tão longe, quando os professores atuais reclamam, por exemplo, que os valores que tentam transmitir na escola, infelizmente, são embargados com grande eficácia por determinados contravalores refletidos pelos meios de comunicação e pela vida social em geral (consumismo, falta de solidariedade, violência etc.), na verdade é como se estivessem implicitamente saudosos da clausura como formato pedagógico. De fato, o outro modelo, o da escola aberta, de certo modo aspira também à construção de um meio educacional total. O que acontece é que, nesse caso, o projeto é muito mais ambicioso e otimista: tem a pretensão de transformar o conjunto da cidade (sociedade, comunidade, território...) em um meio totalmente educacional. O que, evidentemente, é uma tarefa muito mais árdua. Recuperando o símile antes utilizado, aqui a intenção não seria colocar o leão na jaula para domesticá-lo, mas transformar a selva inteira em um lugar educacional.

E, agora, é preciso aterrissar e voltar à pergunta. Dou-me conta de que talvez tenha ido longe demais na minha digressão. O que

---

28. Hesse, H. *Bajo las ruedas*. Córdoba: La Docta, 1975, p. 41-42. Em português houve várias edições da obra (*Debaixo das rodas*), como as publicadas pela Letras e Letras (Rio de Janeiro, 1971), pela Livraria Moreira (Belford Roxo, 1971) e pela Civilização Brasileira (Rio de Janeiro, 1972).

EDUCAÇÃO FORMAL E NÃO-FORMAL: PONTOS E CONTRAPONTOS

tem que ver tudo isso com a pergunta sobre os meios para vencer as resistências que se produzem nos centros educacionais quando se pretende abri-los ao ambiente? Acredito que minha fala guarde relação, sim, com a questão colocada por Valéria.

Em primeiro lugar, para superar essas resistências, é necessário perceber que elas efetivamente existem e que, inclusive, nos primeiros momentos, são quase inevitáveis. Acontece que, de fato, estamos pedindo à escola uma determinada mudança de paradigma: passar do modelo escola-jaula, que foi dominante durante muitíssimo tempo e ao qual todos (professores, pais e o próprio ambiente da escola) estamos acostumados, a um modelo muito mais exigente e difícil. Passar de uma sala fechada, e até há pouco considerada auto-suficiente para o trabalho de ensinar-aprender, a uma sala aberta a um meio educacional muito mais rico em possibilidades formativas; mas, precisamente por isso, também muito mais complexo e provavelmente contraditório.

Isto é, as resistências existem e não se superam de maneira fácil e automática, pois têm origem em determinada concepção e configuração da escola – a que foi predominante durante muito tempo e que provavelmente continua a sê-lo na atualidade. Estamos tão acostumados a pensar e a ver que o sistema ensino/aprendizagem consiste em um professor que ensina diretamente a um grupo de alunos no contexto material de uma sala e com a participação de mais alguns poucos complementos (livros de texto, lousa...) que tudo aquilo pouco ou muito afastado desse simples mecanismo tende a ser rejeitado ou, no mínimo, percebido com suspeita.

Em segundo lugar, para vencer tais resistências terá de se mostrar, sobretudo, por meio da própria experiência, que o uso de recursos externos e, em geral, o desenvolvimento de propostas

VALÉRIA AMORIM ARANTES (ORG.)

concretas que vinculem escola e ambiente são mais eficazes e eficientes em relação aos objetivos próprios ou convencionais da escola. Isto é, além do valor agregado que carregam essas experiências, ampliando a significatividade da escola como centro de referência para a vida comunitária, é preciso demonstrar que dessa maneira é possível aprender mais e melhor: são aprendidos ou reforçados conteúdos valiosos, que talvez não estejam no currículo, e os que fazem parte dele também são muito melhor aprendidos.

E terceiro, como é verdade que as propostas na linha de abrir a escola ao meio não se implementam e desenvolvem como que por geração espontânea, é conveniente adotar determinadas medidas que as facilitem. Como dizia, creio que já apontei antes algumas dessas medidas: realização de inventários de recursos reais e potenciais da comunidade; criação de redes e plataformas de coordenação no território; divulgação e intercâmbio de boas práticas e experiências bem-sucedidas; elaboração de planos locais ou projetos educacionais da cidade; incentivar e subvencionar especificamente projetos de colaboração entre escolas e entidades culturais e sociais; promover a participação das famílias; formação inicial e contínua dos professores nesta linha; revisar e flexibilizar determinados aspectos organizacionais internos das escolas...

**Valéria:** A luta pela igualdade de condições e pelo direito de inclusão de todas as pessoas no sistema educacional, um fenômeno recente do ponto de vista histórico, associado a mudanças estruturais sobre o papel do conhecimento no mundo atual, traz um forte questionamento ao papel da educação, como já sinalizado por vocês anteriormente. No bojo dessas discussões, um dos temas recorrentes e polêmicos atualmente (e eu arriscaria

EDUCAÇÃO FORMAL E NÃO-FORMAL: PONTOS E CONTRAPONTOS

dizer que no Brasil é muito mais polêmico que na Espanha) diz respeito ao conceito de educação a distância. Gostaria que vocês comentassem sobre o "lugar" da educação a distância no processo de democratização do sistema educacional, considerando os diferentes tipos de educação – formal e não-formal –, bem como as possíveis e necessárias conexões, coordenações, interações etc. a serem estabelecidas entre elas.

**Elie Ghanem:** A ligação entre educação e as chamadas TIC (tecnologias de informação e comunicação) encontra empolgação e desalento de variados sentidos e fundamentos. Freqüentemente, adere-se efusivamente ao incremento de práticas de educação a distância por meio das TIC devido à amplitude e agilidade de seu alcance. As possibilidades de geração, armazenamento, recuperação e circulação de informações propiciadas pelas TIC abrem uma perspectiva animadora de dinamização e abrangência de atividades educacionais. Dentre as críticas mais comuns, encontram-se as que ressaltam os riscos de nefasta padronização, e exercício de controle e direcionamento por parte de poucos centros sobre muitas pessoas e de supressão de relações face a face, com sua riqueza de espontaneidade, de benéfica improvisação e de debate aberto. No limite, rejeita-se a possibilidade real de substituição de docentes "de carne e osso" por programas audiovisuais. Um aspecto co-adjuvante muito rejeitado é também a potencial imposição de interesses econômicos que orientem a fabricação e o comércio de práticas educacionais configuradas como TIC. Todos esses aspectos favoráveis e desfavoráveis se justificam e precisam ser considerados na opção por desenvolver a educação a distância formal e não-formal, assim como a estrita colaboração entre ambas. No entanto,

VALÉRIA AMORIM ARANTES (ORG.)

é imperioso salientar que um dos maiores desafios à educação, de qualquer tipo e utilizando quaisquer meios, está em realizar-se como uma crescente redução da assimetria entre as pessoas que participam das atividades educacionais. Dificilmente alguém, hoje, rejeitaria a circulação de livros como uma forma de educação a distância que eliminasse a interação direta e presencial entre quem educa e quem é educado(a). Mesmo em situações de aula real face a face, aparentemente, na maior parte das vezes, não há nenhuma preocupação com a prática do controle, com a orientação unidirecional e, pois, com a afirmação do caráter assimétrico da relação entre participantes. O desafio posto à educação a distância é, portanto, comum à educação presencial. Se encontrarmos formas de equacionamento para esta última, pode-se supor que teremos à disposição as bases indispensáveis, ainda que não suficientes, de equacionamento da educação a distância tendo em vista a aspiração a uma educação que contribui com a democracia principalmente por constituir-se intrinsecamente como conjunto de práticas democráticas.

**Trilla:** Penso que, em parte, você está certa ao supor que na Espanha, neste momento, a educação a distância não é um tema muito polêmico. Digamos que sua funcionalidade não é nem questionada nem considerada uma espécie de solução milagrosa. Há anos, possivelmente as posições estavam mais polarizadas: podia haver quem pensasse que a educação a distância degradava a relação educacional ou era uma alternativa de pouca qualidade; e quem, pelo contrário, considerasse que o ensino não-presencial seria a panacéia para tudo e que em breve transformaria a escola em algo felizmente obsoleto.

EDUCAÇÃO FORMAL E NÃO-FORMAL: PONTOS E CONTRAPONTOS

De fato, sempre que surge uma nova proposta metodológica ou tecnológica relevante, parece que ela vai revolucionar tudo: segundo uns, para bem; segundo outros, para mal. Ou seja, é reproduzida a dialética entre *apocalípticos* e *integrados* que tão bem explicou Umberto Eco[29] há quase meio século. Depois, pouco a pouco, as novas "invenções" vão encontrando seu lugar, e percebe-se, então, que nada era tão radical assim: nem se produzem as catástrofes culturais ou educacionais profetizadas pelos *apocalípticos*, nem as maravilhas prenunciadas pelos *integrados*.[30] De todo modo, acho que me precipitei ao afirmar que em meu país já não há polêmica com relação a esse assunto. Talvez ela não exista no âmbito da reflexão teórica e em termos tão polarizados quanto aos que me referi, mas é verdade que de vez em quando reaparece o debate, sobretudo, em relação a determinadas questões da política educacional. Justamente no momento em que escrevo estas

---

29. Eco, U. *Apocalípticos e integrados en la cultura de masas*. Barcelona: Lumen, 1990. Em português: *Apocalípticos e integrados*. 6ª ed. São Paulo: Perspectiva, 2001.

30. Há alguns anos, no calor do debate sobre o uso educacional das novas tecnologias – que em parte é, atualmente, quase a mesma polêmica que a da educação a distância –, publiquei, com certa vontade provocadora, uma sorte de aforismos sobre tal questão. Como ainda me sinto bastante identificado com o que dizia lá, atrevo-me a repeti-lo agora: "Há quem se escandalize diante do crescente uso de computadores e outras tecnologias no ensino. Com um pensamento fraco e bucólico, manifestado por meio de uma retórica mole humanística, gemem temerosos, esperando pelo dia em que, segundo dizem, as máquinas substituam os professores de carne e osso. Seu temor está bem fundamentado, pois são eles que, ao chegar o momento, deverão ser substituídos em primeiro lugar". Trilla, J., *Aprender, lo que se dice aprender... Una teoría alfabética de la educación*. Barcelona: Octaedro, 1998, p. 103.

153

VALÉRIA AMORIM ARANTES (ORG.)

páginas, na Catalunha, a decisão da administração educacional catalã de suprimir – ou, no mínimo, reduzir – nos centros de ensino médio os turnos da noite e substituí-los por meios não-presenciais gerou um conflito aberto. Esses cursos vespertinos naturalmente se nutrem, sobretudo, de jovens e adultos trabalhadores que desejam prosseguir ou reincorporar-se à educação formal. O argumento principal dos gerentes do sistema educacional catalão para suprimir ou reduzir a oferta presencial é que em alguns centros de ensino médio a demanda é baixa e, além disso, existe durante o curso uma desistência estudantil muito elevada. Isto é, para as pessoas adultas acaba sendo muito difícil combinar as obrigações laborais e familiares com o acompanhamento presencial regular dos estudos, motivo pelo qual acabam renunciando a eles. Portanto, segundo a administração educacional, o formato adequado para esses estudantes seria o não-presencial. Por sua parte, os grupos que se opõem à supressão dos cursos noturnos presenciais (associações de estudantes e de pais de alunos e sindicatos de professores) alegam que se trata de uma decisão tomada só por motivos econômicos (baratear os custos) e que ela reduz as oportunidades educacionais reais precisamente dos setores mais desfavorecidos.

Em todo caso, deixando de lado as circunstâncias concretas desse exemplo particular, cuja análise pormenorizada seria de interesse relativo para o leitor brasileiro, formularei algumas considerações ou critérios gerais que entendo válidos sobre a educação a distância.

A primeira consideração reafirma o que já foi sugerido acima: considero que a esta altura já são totalmente insustentáveis posições valorativas radicais sobre a educação a distância, sejam em um sentido positivo ou no contrário. Certamente, não é preciso avaliar genericamente esse tipo de educação, de modo algum, como alternativa de segunda categoria: pode haver educação a distância de grande excelência e, obviamente, também pode haver de ínfima qualidade; ou seja, acontece exatamente o mesmo que com a educação propriamente escolar ou presencial.

A segunda é que os critérios econômicos, por si sós, nunca podem ser considerados suficientes no momento de optar por um tipo de educação ou outro. É preciso considerar sempre conjuntamente a eficácia e a eficiência de cada procedimento.

A terceira consideração é a necessidade de levar em conta também que, cada vez mais, a tendência de procurar fórmulas mistas, quer seja introduzindo recursos não-presenciais em processos globalmente presenciais, quer seja o contrário, incrementando os momentos presenciais em formatos de educação a distância. Por meio dessas fórmulas mistas ou semipresenciais é possível aproveitar melhor as vantagens de ambos os sistemas e reduzir seus respectivos inconvenientes.

E, por último, gostaria de dedicar algumas linhas ao tema da democratização, que você também sugere na pergunta. Não há dúvida de que, inicialmente, é preciso reconhecer como potencialmente democratizador qualquer meio capaz de aumentar as possibilidades da cidadania para ter acesso à educação em qualquer etapa da vida; especialmente quando essa ampliação real de oportunidades afeta, sobretudo, os setores mais desfavorecidos econômica, social e culturalmente. Seria preciso verificar, então, quais são os setores sociais que mais usam e mais benefício educacional extraem da educação a distância.

Infelizmente, não disponho neste momento de dados a esse respeito, muito menos referentes à realidade brasileira, mas é bem provável que não sejam precisamente as pessoas e as comunidades mais desfavorecidas as que mais se beneficiem da educação a dis-

VALÉRIA AMORIM ARANTES (ORG.)

tância em termos relativos – nem, certamente, em termos absolutos. Entre outros motivos, porque, de modo geral, o bom uso dos sistemas não-presenciais requer uma série de condições iniciais de que costumam carecer justamente as pessoas que partem de uma situação cultural mais precária: um mínimo de habilidades cognitivas e de autonomia intelectual, motivação sustentada, certo grau de familiaridade com as novas tecnologias (pois, na atualidade, a educação a distância se faz fundamentalmente por meios tecnológicos) etc. É bem conhecido aquele princípio educacional sobre o efeito multiplicador dos bens educacionais. A própria educação gera educação: quanto maior é o capital educacional de que a pessoa já dispõe, mais motivação ela tem para seguir se educando e também maiores competências para fazê-lo eficazmente.

Dito de outro modo, as pessoas que mais se beneficiam dos recursos educacionais existentes normalmente são as que já partem de um nível formativo melhor. Portanto, o desfrute real dos recursos da educação e da cultura não depende unicamente de sua acessibilidade econômica e material, mas também da posse das competências atitudinais e intelectuais necessárias para desfrutá-los. Portanto, romper esse fatalismo educacional em favor dos mais desfavorecidos para que possam integrar-se (ou, no seu caso, reintegrar-se) ao circuito da educação e à cultura significa colocar à sua disposição, de início, os melhores educadores e os mais eficazes métodos e recursos formativos; e, particularmente, aqueles que não precisem da posse de algumas condições prévias de que, por definição, carecem as pessoas que partem das situações mais precárias. É por isso que cabe a dúvida de que o ensino a distância seja justamente a melhor alternativa para quem se encontra nas situações econômicas, sociais e culturais mais precárias.

**Valéria:** Num país marcado por desigualdades sociais como é o Brasil, onde a educação fora dos muros escolares está voltada majoritariamente para as comunidades periféricas, não é incomum ouvirmos – no campo educacional e fora dele – pessoas nos advertirem sobre os riscos que corremos de a educação não-formal ser encarada ou assumida como uma alternativa barata para assistir os menos favorecidos. De um modo ou de outro, elas parecem temerosas com a possibilidade de a educação não-formal ser uma alternativa para atender aos "pobres", enquanto a educação formal continuaria voltada para os "ricos". Um modo de fortalecer ainda mais tais desigualdades. Seria de grande valia se pudessem dar uma resposta àqueles que pensam assim ou àqueles que temem por isso.

**Elie Ghanem:** Em ostensiva e persistente demonstração de injustiça, no Brasil há uma quantidade enormemente maior de pessoas pobres do que de pessoas ricas. Dadas essas dimensões, compreende-se que muitos programas governamentais e não governamentais de educação não-formal sejam voltados para camadas de baixa renda. Mesmo esses não são universais e apresentam marcados *deficits* de cobertura com a primeira infância, jovens que necessitam de formação profissional, pessoas jovens e adultas que não iniciaram ou não completaram o ensino fundamental e médio, aquelas que precisam requalificar-se para disputar no mercado de trabalho e pessoas idosas que, tendo ou não participado da vida laboral, são simplesmente descartadas e entregues ao abandono. Porém, se os programas de educação não-formal abrangem grandes contingentes, talvez não seja exato entender que as camadas de baixa renda usufruem proporcionalmente mais da educação não-formal que os extratos superiores. Estes últimos, por sua maior disponibilidade de recursos,

VALÉRIA AMORIM ARANTES (ORG.)

têm ao seu alcance proporcionalmente maior quantidade de cursos de especialização, de línguas estrangeiras, de linguagens artísticas, de orientação para a vida familiar, para o espaço público, para temas ambientais e para o domínio de saberes em vastos campos da cultura universal. Não seria, portanto, em si mesma, a própria oferta de educação não-formal um fator de ampliação da desigualdade característica do Brasil e de outros países. Isso ocorre quando tal tipo de oferta se dá independentemente das garantias de oferta também universal de educação formal em padrões de qualidade tão elevados quanto devem ser os da educação não-formal. Cada pessoa precisa contar com a disponibilidade de alimentos energéticos, construtores e reguladores para combiná-los em proveito de sua manutenção e desenvolvimento. Oferecer um ou dois desses tipos é necessário, o que não se pode aceitar é que não se ofereçam todos os três ou que algum seja entregue em lugar dos demais, que os níveis de oferecimento sejam insuficientes e os modos, inadequados.

O fato é que a tradição autoritária brasileira impôs que a elaboração de políticas quase sempre se desse somente por autoridades e especialistas do poder público, sem contar com a consulta e a influência dos diferentes grupos aos quais devem se destinar aquelas políticas. Assim sendo, tanto o sentido e o formato dos programas como sua abrangência ou, ainda, o montante de recursos requeridos para sua implementação levaram à existência de serviços educacionais formais e não-formais insatisfatórios e até perniciosos. Nesse cenário, o oportunismo de governantes propicia não apenas a dissociação entre educação formal e não-formal, mas também a prestação de serviços de educação não-formal como única possibilidade de atenção às necessidades educacionais dos numerosos segmentos sociais com maior vulnerabilidade.

EDUCAÇÃO FORMAL E NÃO-FORMAL: PONTOS E CONTRAPONTOS

**Trilla:** O final da minha resposta anterior já está relacionado com a questão – importante e complexa – que você coloca aqui, se bem que ali nos referíamos especificamente à educação a distância e agora a dúvida é relativa à educação não-formal em geral. Sobre considerar a educação não-formal como alternativa barata à escola para os setores sociais mais desfavorecidos, é preciso admitir que efetivamente isso é uma possibilidade; e não só uma possibilidade, mas, em certos casos (não sei se majoritários), uma realidade. É verdade que a educação não-formal foi utilizada (e continua sendo utilizada) como alternativa para atender minimamente pessoas ou comunidades excluídas (pelas causas que sejam) do sistema formal. Na seqüência, tratarei de explicar minha valoração desse fato, mas antes me parece conveniente fazer um esclarecimento.

Reconhecer o anterior não significa, no entanto, aplicá-lo ao conjunto inteiro do setor não-formal. Este é tão amplo, heterogêneo e versátil que nele podem ser localizados facilmente programas dirigidos a "ricos" e programas para "pobres". Como também é óbvio que há escolas para pobres e escolas para ricos. Isto é, os *conceitos* de educação formal e não-formal, genericamente considerados, não são definidos com base na classe social de seus destinatários nem, a princípio, por meio de parâmetros ideológicos ou políticos. Um seminário para a formação contínua de altos executivos de uma empresa multinacional não se enquadra menos na educação não-formal que um programa de formação ocupacional para jovens sem estudos; uma escola na favela não é menos escola que um centro privado caríssimo. Em meu país (e suponho que em todas as partes), existem subsetores da educação não-formal que são inclusive socialmente mais seletivos (ou seja, classistas) que o sistema formal.

VALÉRIA AMORIM ARANTES (ORG.)

Há, portanto, pedagogias e práticas educacionais de direita e de esquerda, conservadoras e progressistas, classistas e igualitárias. Todas essas pedagogias – e quantas nos ocorram, caracterizadas em termos políticos, sociais ou ideológicos – podem ser aplicadas (e, de fato, se aplicam) tanto à educação formal quanto à não-formal. Seria um erro fazer valorações políticas *globais* e *apriorísticas* desses âmbitos do universo educacional. Também seria um erro valorar *apriorística* e *globalmente* a "qualidade" da educação não-formal com relação à formal, pois ambas podem ter uma qualidade excelente ou uma qualidade ínfima. Dito de outro modo, certamente há propostas educacionais não-formais que, comparadas com as formais, são de "segunda categoria", mas há também outras nas quais essa hierarquia qualitativa se inverte de modo contundente.

Esse esclarecimento não nega, certamente, a hipótese da pergunta: não se pode dizer que toda a educação não-formal seja para pobres (nem de segunda categoria, nem de qualidade inferior à formal), mas pode haver (e, de fato, há) educação não-formal para pobres como alternativa "barata" para indivíduos e setores sociais excluídos do setor formal. Feita essa constatação, cabe agora valorá-la.

Uma posição, que poderíamos chamar de "possibilista", diria algo como: é melhor uma educação de segunda categoria do que nenhuma educação. O que é indiscutível – a não ser que fôssemos partidários de táticas catastróficas do tipo "quanto pior melhor", segundo as quais seria necessário agravar as contradições, as injustiças e as desigualdades existentes para transformar verdadeiramente o sistema. Em qualquer caso, a posição possibilista é notoriamente insuficiente e muito conformista em relação à consecução de uma sociedade mais justa e igualitária. Ficar só aí contribui, como é sugerido também na pergunta, para reproduzir

EDUCAÇÃO FORMAL E NÃO-FORMAL: PONTOS E CONTRAPONTOS

o sistema e para perpetuar as desigualdades existentes, ao fazê-las menos ostensivas ou sangrentas.

Portanto, acredito que a educação não-formal como alternativa à formal só para os setores mais desfavorecidos só pode ser justificada como medida excepcional, de urgência, de choque, sempre provisória e com o objetivo de integrar ou reintegrar esses setores à educação formal.[31] A educação não-formal já vai ter bastante trabalho, reforçando, colaborando e complementando a formal e dedicando-se a tarefas que nada tenham a ver com ela. Considero que seria insensato renunciar, já de entrada, à exigência de que o sistema educacional formal cumpra satisfatoriamente com o encargo social de acolher nos seus períodos obrigatórios toda a população escola-

---

31. Há quem defenda também que o não-formal pode ser um meio educacional mais adequado que o formal para certos indivíduos e coletividades que partem de situações de desvantagem ou que já foram excluídos do sistema. Não concordo com essa posição – se não for, como dizia, limitando-a a casos excepcionais e de forma sempre provisória –, já que ela parte de uma suposição que não tem por que ser verdadeira; ou, melhor dito, que não deveríamos aceitar nunca como irremediável. Trata-se da suposição de que o sistema educacional formal não pode – por alguma sorte de fatalidade pedagógica insuperável – adaptar-se institucional e metodologicamente a todos os que teriam de ser seus destinatários. Se há métodos, estratégias, estilos educacionais, formas de organização... normalmente usados na educação não-formal que resultam adequados para os sujeitos com problemas de adaptação à escola, nada deveria impedir que tais métodos, estratégias etc. fossem utilizados também em tal instituição. E se aquele tipo de fatalidade fosse certo e, por causa da própria "essência" da escola ou do sistema formal, esses métodos inclusivos fossem incompatíveis para instituição, então se deveria pensar em suprimir a escola; mas não apenas para os que não se adaptam a ela – para todos, já que seria uma instituição pedagogicamente muito limitada.

rizável e de garantir para os níveis não-obrigatórios a igualdade real de oportunidades educacionais também para todos.

Além do que, como avançava na resposta à pergunta anterior, em tese, a igualdade real de oportunidades educacionais deveria supor não a igualdade de meios educacionais, mas justamente que os setores que partem das condições mais desfavoráveis pudessem dispor dos melhores meios (formais e não-formais). Obviamente, não sou tão ingênuo a ponto de crer que em uma sociedade classista tais conquistas sejam possíveis: se chegassem a ser realidade, a sociedade já teria deixado de ser classista. De qualquer maneira, é bom lembrar de vez em quando aquela frase de um clássico arcaico do anarquismo, segundo a qual perseguindo o impossível é que a humanidade sempre reconheceu e realizou o possível.

Muitos anos depois, em alguns eventos que a imprensa européia está comemorando abundantemente enquanto escrevo estas páginas, a mesma idéia de Bakhúnin era reconvertida no contundente aforismo escrito nos muros parisienses de maio de 1968: "Sejam realistas: peçam o impossível".

**Valéria:** A última pergunta que farei a vocês diz respeito ao conceito de "temas transversais em educação" e suas possíveis relações entre os campos formal e não-formal do sistema educacional. Chamou-me atenção a forma como o Trilla discorreu sobre a importante tarefa (a ser assumida pela escola) de facilitar a elaboração das experiências e aprendizagens que se dão com base na educação informal. Em um dado momento Trilla afirma que a escola deve facilitar para que o sujeito possa organizar cognitivamente aqueles elementos dispersos, adquiridos com base na educação informal.

EDUCAÇÃO FORMAL E NÃO-FORMAL: PONTOS E CONTRAPONTOS

Podemos entender tal tarefa como articulações e/ou ligações que a instituição escolar deve promover entre os mais diversos tipos de conhecimento: científicos; populares; disciplinares; não-disciplinares; cotidianos; acadêmicos; físicos; sociais; etc.? Tal tarefa seria, então, consoante a idéia de transversalidade?

**Elie Ghanem:** A educação escolar, não obstante incontáveis experimentações, o escolanovismo e a formulação de pedagogias não-diretivas, sedimentou-se na realização renitente do modelo de educação como ensino. Na lógica desse modelo, o ponto de partida da atividade educacional é um conjunto de saberes que se presume devam ser "transmitidos" obrigatoriamente, entendendo-os como resposta adequada às necessidades de educandos(as), supondo que tais necessidades são sempre as mesmas que as "da sociedade". Aqueles saberes se originam de campos disciplinares de investigação sistemática, mas com estes não coincidem, sendo apenas um arranjo estático de idéias independentes do esforço investigativo, que constituem as chamadas disciplinas escolares. Esse modelo havia de conduzir à configuração de áreas disciplinares com vida própria, na ausência de qualquer fator que justificasse a integração entre tais áreas. Essa integração pode advir de uma necessidade lógica ou de uma necessidade prática. A demanda por uma integração em conseqüência de exigências lógicas veio a se manifestar muito recentemente, entre outros motivos, pela deterioração dos padrões de autoridade das gerações antigas sobre as mais novas. É uma demanda, sobretudo de estudantes pela explicitação do sentido de serem obrigados(as) a cumprir as tarefas que o ensino das disciplinas escolares impõe. A necessidade prática de integração entre as disciplinas raramente se coloca. Esta implicaria a

VALÉRIA AMORIM ARANTES (ORG.)

ruptura com o modelo de educação como ensino, levaria a adotar como ponto de partida das atividades educacionais não mais certo conjunto estabelecido de saberes, mas o próprio esforço de definição das necessidades das pessoas participantes de ditas atividades. Os saberes existentes e disponíveis, assim, seriam mobilizados e utilizados com base em um critério que lhes outorgaria sentido, independentemente dos campos disciplinares aos quais pertencessem. Uma reação à evidente independência e dissociação entre as disciplinas escolares foram as tentativas de fazer frente às exigências lógicas de explicitar sentido para a educação escolar. Nessa linha, desenvolveram-se propostas fundadas na aspiração de integração geralmente entendidas como interdisciplinaridade ou como transdisciplinaridade. Na falta de um critério prático que respeitasse características, desejos e relações próprias das pessoas participantes de atividades educacionais, as possibilidades de combinação entre "conteúdos" das disciplinas passaram a ser imaginadas ao infinito. O caráter próprio das áreas disciplinares, entretanto ainda as mantinha essencialmente distantes de quaisquer necessidades sentidas pelas pessoas que realizam, como educando(as) e educadores(as), processos educacionais. Algumas dessas necessidades se exprimem como temas de preocupação sociopolítica mais ou menos difundida, a exemplo das condutas em relação à sexualidade, da sustentabilidade do desenvolvimento com equilíbrio ambiental ou da vida cívica democrática, comumente identificada com "cidadania". O abismo que separa o ensino escolar da vida cotidiana e dos grandes desafios do convívio social reafirma a quase completa ausência de lugares e tempos para a reflexão a respeito das dimensões individuais e coletivas da experiência humana. Talvez não seja inútil mencionar que as múltiplas aprendizagens geradas por meios

EDUCAÇÃO FORMAL E NÃO-FORMAL: PONTOS E CONTRAPONTOS

e processos de educação informal estão incluídas entre aquelas dimensões e igualmente reclamam ser submetidas ao pensamento reflexivo. No Brasil, desde meados dos anos 1980, difundiu-se grandemente a noção de transversalidade, marcadamente devido à adoção de parâmetros curriculares nacionais, que mantiveram intocado o modelo da educação como ensino e, por conseguinte, a existência das disciplinas escolares remanescentes nessa mesma tradição. Por esses motivos, os ditos parâmetros foram postos juntamente com "temas transversais". Sua abordagem pode também propiciar a "organização cognitiva" de elementos oriundos da educação informal, o tratamento rigoroso e reflexivo de saberes pertinentes àqueles temas. Porém, devido à mera justaposição, tal tratamento apenas seguirá como oportunidade aleatória.

**Trilla:** Devo começar advertindo que meu conhecimento sobre os temas transversais é muito limitado. Sei deles — e dos debates suscitados sobre seu lugar e sentido nos currículos escolares — o que pode saber qualquer pessoa medianamente informada sobre educação; mas de modo algum posso considerar-me especialista nos aspectos epistemológicos subjacentes à transversalidade ou nas questões mais propriamente pedagógicas que coloca (planejamento e organização curricular, métodos didáticos etc.). Então, minha resposta à pergunta terá inevitavelmente boas doses de improvisação.

Na pergunta você relaciona os temas transversais com a idéia que esbocei na resposta a uma das questões que me colocava Elie. Ali eu dizia que, do meu ponto de vista, uma das funções da escola hoje é facilitar a elaboração das experiências e das aprendizagens procedentes da educação informal; e, na seqüência, separava em uma série de pontos o que entendia por "elaborar": organizar o

VALÉRIA AMORIM ARANTES (ORG.)

conhecimento, conceituar, compreender a gênese dos conteúdos, aprofundar, valorar, aprender a selecionar...[32]

Nesse sentido, essa função da escola de facilitar a elaboração do conhecimento prévio adquirido informalmente pode (e deve) ser aplicada tanto às matérias ou disciplinas escolares convencionais como aos chamados temas ou eixos transversais. A matemática, a física, as ciências naturais, a linguagem, a história, a geografia, inclusive consideradas isoladamente umas das outras, evidentemente podem ser relacionadas com experiências cotidianas dos alunos. Por isso também é aplicável às disciplinas acadêmicas o que dizíamos sobre a função que tem a escola de facilitar a elaboração do que é aprendido fora dela.

Mas também é verdade que tudo isso aparece de modo muito mais claro e intencional nos temas transversais. Em sua natureza está o fato de que essa classe de conteúdos curriculares reflitam questões atuais relevantes e que elas sejam tratadas de uma perspectiva global e holística. Sua atualidade e relevância social garantem que, de um modo ou de outro, os alunos facilmente reconheçam esses assuntos como relacionados com a realidade na qual vivem, o que produz efeitos motivadores. E a perspectiva global com base na qual são tratados os temas transversais significa integrar não apenas conteúdos disciplinares diversos, mas também as dimensões formativas básicas (o intelectual, o moral, o afetivo...) e relacionar tudo isso com as

---

32. Não será necessário advertir que tudo isso se relaciona, entre outras referências possíveis, com a teoria de Ausubel sobre a aprendizagem significativa, na qual, como é bem sabido, partir dos conhecimentos prévios dos alunos constitui um elemento fundamental. Conhecimentos prévios que incluem tanto o que o aluno aprendeu academicamente em momentos anteriores como as aquisições informais realizadas à margem da atividade curricular e escolar.

EDUCAÇÃO FORMAL E NÃO-FORMAL: PONTOS E CONTRAPONTOS

experiências e aprendizagens informais dos alunos. Ou seja, concordo plenamente com Valéria quanto a que os temas transversais constituem âmbitos privilegiados para articular os diferentes tipos de conhecimentos que ela cita na pergunta.

Para finalizar, gostaria de adicionar breves comentários sobre transversalidade. O primeiro deles é a idéia de que os temas transversais, apesar de sua aparente novidade, têm antecedentes ilustres e propostas paralelas que seria desejável levar em conta; não só por motivos de justiça pedagógica histórica, mas, sobretudo, para contar com referentes metodologicamente muito sólidos e elaborados. Não se escondem de ninguém, por exemplo, as considerações de O. Decroly, com seus métodos globais e seus centros de interesse, que já estavam plenamente nesta linha durante o primeiro terço do século passado. Ou, também, para citar apenas outras duas propostas pedagógicas coerentes com a transversalidade: os métodos fundamentados em projetos ou a aprendizagem-serviço. O segundo é que é necessário reconhecer que a transversalidade é uma idéia brilhante, pois encarna alguns dos melhores princípios pedagógicos contemporâneos. Além disso, sua prática coerente e eficaz não consiste apenas em incorporar uma nova *classe* de matérias ou assuntos no currículo, mas significa uma reformulação didática e organizacional (tempo, espaço, trabalho em equipe do professorado etc.) muito mais ampla que o funcionamento da escola.

E, finalmente, não gostaria de concluir minha intervenção no livro sem agradecer a Valéria e Elie pela oportunidade que me ofereceram de estabelecer um diálogo com eles — mesmo com um oceano no meio — que para mim foi muito frutífero: sempre é assim quando se é estimulado a repensar o que foi escrito e novas perspectivas são abertas.

www.gruposummus.com.br

IMPRESSO NA
**sumago** gráfica editorial ltda
rua itauna, 789  vila maria
**02111-031**  são paulo  sp
tel e fax 11 **2955 5636**
**sumago**@sumago.com.br